时代印记

王志艳◎编著

屈原

延边大学出版社

图书在版编目（CIP）数据

寻找屈原 / 王志艳编著 . —延吉：延边大学出版
社，2013.8(2020.7 重印)
ISBN 978-7-5634-5904-9

Ⅰ . ①寻… Ⅱ . ①王… Ⅲ . ①屈原（约前 340 ～约前
278）—传记—青年读物②屈原（约前 340 ～约前 278）—传
记—少年读物 Ⅳ . ① K825.6-49

中国版本图书馆 CIP 数据核字 (2013) 第 209695 号

寻找屈原

编著：王志艳
责任编辑：李　宁
封面设计：映像视觉
出版发行：延边大学出版社
社址：吉林省延吉市公园路 977 号 邮编：133002
电话：0433-2732435 传真：0433-2732434
网址：http://www.ydcbs.com
印刷：唐山新苑印务有限公司
开本：690×960　1/16
印张：11 印张
字数：100 千字
版次：2013 年 8 月第 1 版
印次：2020 年 7 月第 3 次印刷
书号：ISBN 978-7-5634-5904-9
定价：29.80 元

前言

　　历史发展的每一个时代，都会有对后世产生巨大影响的人物，都会有推动我们前进的力量。这些曾经创造历史、影响时代的英雄，或以其深邃的思想推动了世界文明的进步，或以其叱咤风云的政治生涯影响了历史的进程，或以其在自然科学领域中的巨大成就为人类造福……

　　总之，他们在每个时代都留下了深深的印记，烙上了特定的记号。因为他们，历史的车轮才会不断前进；因为他们，每个时代的内容才会更加精彩。他们，已经成为历史长河的风向标，成为一个时代的闪光点，引领着我们后人走向更加深邃的精神世界和更加精彩的物质世界。

　　今天，当我们站在一个新的纪元回眸过去的时候，我们不能不提起他们的名字，因为是他们改变了我们的世界，改变了人类历史的发展格局。了解他们的生平、经历、思想、智慧，以及他们的人格魅力，也必然会对我们的人生产生深刻的影响。

　　为了能了解并铭记这些为人类历史发展做出过巨大贡献的人物，经过长时间的遴选，我们精选出一些最具影响力、最能代表时代发展与进步的人物，编成这套《时代印记》系列丛书，其宗旨是：期望通过这套青少年乐于、易于接受的传记形式的丛书，对青少年读者的成长产生潜移默化的影响，使他们能够从中吸取到有益的精神元素，立志奋进，为祖国、为人类作出自己的贡献。

前言

　　本套丛书写作角度新颖，它不是简单地堆砌有关名人的材料，而是精选了他们一生当中最富有代表性的事迹与思想贡献，以点带面，折射出他们充满传奇的人生经历和各具特点的鲜明个性，从而帮助我们更加透彻地了解每一位人物的人生经历及当时的历史背景，丰富我们的生活阅历与知识。

　　通过阅读这套丛书，我们可以结识到许多伟大的人物。与这些伟人"交往"，也会进一步提高我们的思想品格与道德修养，并以这些伟人的典范品行来衡量自己的行为，激励自己不断去追求更加理想的目标。

　　此外，书中还穿插了许多与这些著名人物相关的小知识、小故事等。这些内容语言简练，趣味性强，既能活跃版面，又能开阔青少年的阅读视野，同时还可作为青少年读者学习中的课外积累和写作素材。

　　我们相信，阅读本套丛书后，青少年朋友们一定可以更加真切、透彻地了解这些伟大人物在每个时代所留下的深刻印记，并从中汲取丰富的人生经验，立志成才。

导 言

Introduction

　　屈原（约公元前340—前278年），战国时期楚国人。芈姓，屈氏，名平，字原，以字行；又在《离骚》中自云："名余曰正则兮，字余曰灵均。"出生于楚国丹阳（今河南西峡或湖北秭归）。楚国王室一族。屈原是我国战国时期楚国的著名政治家和爱国主义诗人。他的主要代表作《离骚》是中国最早的长篇抒情诗，具有高度的思想性和深刻的艺术感染力，开创了中国文学史上的"骚体"风格和"楚辞"时代。他的作品不但在中国广为流传，还被翻译成许多种文字，介绍到了世界各地。1953年，世界和平理事会召开会议，以纪念世界四大文化名人，屈原就是其中之一。

　　屈原出生时，秦国日强，东方诸国逐渐没落，中国进入到了大一统时代的前夜。出身落寞贵族的屈原先后担任过楚王的文学侍从、兰台之官、左徒和三闾大夫。他希望楚怀王能够励精图治，明申法令，在外交上联齐抗秦。然而，他这些正确的政治主张却遭到了怀王幼子子兰、奸臣靳尚等人的反对。他们不但想尽办法阻止怀王采纳屈原的意见，还处心积虑地使怀王疏远屈原。

　　最后，楚怀王因为不听屈原的劝谏，被骗到秦国，落了个客死异乡的下场。屈原希望楚国新君顷襄王能够拨乱反正，富国强兵。然而，他的这一计划再次因为子兰、靳尚等人的阻挠而夭折。顷襄王听信小人的谗言，竟将屈原流放到当时尚未开发的江南荆榛未辟之地。

　　在长期的流放中，屈原饱受饥寒交迫的痛苦，但这也促使他与百姓朝夕相处，从而进一步了解了民间疾苦，极大地激发了他的爱国主义情怀。他拿起手中的刻刀（当时还没有笔，人们用刻刀在竹木简上刻字），创作了许多历经千古而不朽的著名诗篇。他的作品吸收了民间文学的优秀成分，"书楚语、作楚声、纪楚地、名楚物"，处处都闪烁着强烈的爱国主义光辉。

公元前278年，秦将白起攻破楚国的都城——郢都。在江南流放了近20年的屈原目睹国家沦亡，百姓遭劫，痛苦到了极点。他不愿忍辱偷生，遂于农历五月初五纵身跳入汨罗江，以死明志。

2000多年来，人们一直没有忘记这位伟大的爱国主义诗人。每逢五月初五端午节这天，人们都要划龙舟，吃粽子，以纪念投江而亡的屈原。

本书从屈原的幼年生活开始写起，一直追溯到他成为楚国的高级官员之一——左徒，入则参与国政，发布号令；出则代表国家，接待宾客，地位仅次于令尹，风光一时，然而最后遭奸臣诬陷，被迫投江自尽，以明其志，再现了这位杰出政治家、伟大爱国主义诗人坎坷跌宕的人生经历，旨在让广大青少年朋友了解这位战国时期杰出人物刚直不阿、不畏外强的爱国主义精神，以及学习他那种热爱祖国、热爱人民、坚决反抗外辱的精神力量。

目 录
contents

时代印记　目录

1

目
录

第一章　楚国兴衰

路漫漫其修远兮，吾将上下而求索。

——（战国）屈原

（一）

西周（公元前1046—前771年）初年，周天子大量分封诸侯，以巩固王室对天下各部落的控制。历史上著名的鲁、齐、燕、卫、宋、晋、楚等诸侯国，都是西周立国不久分封的。在这些著名的诸侯国中，大部分国君都是王室成员，只有楚国国君是功臣之后。据《史记·楚世家》所载，祝融的后裔鬻熊很有政治才能，一直想在政坛上一展身手。

祝融本名重黎，是上古时代有名的帝王，一般被认为是三皇五帝中的三皇之一。据说，祝融居住在南方的尽头衡山，常在山上奏起悠扬动听、感人肺腑的乐曲《九天》。百姓们听到这首曲子，无不精神振奋，情绪高昂，对生活充满了热爱。

那个时候，人们还不懂得如何用火。祝融看到百姓们过着茹毛饮血的生活，经常生病，心里很着急，就传下火种，教人类使用火的方法。正因为祝融以火施化，故被称为赤帝、火神、水火之神等。

关于祝融的身份，还有另外一种说法。据《史记·楚世家》所载，祝融乃是颛顼帝的孙子重黎、帝喾高辛氏火正（掌管火种的官员）之官。重黎功勋卓著，能使天下充满光明，帝喾遂赐予他"祝融"的称号。

后来，西北的共工氏叛乱，帝喾派重黎率部平叛。结果，重黎因没有彻底消灭叛乱者而获罪，被帝喾高辛氏所杀。重黎的弟弟吴回接替了火正之职，仍称为祝融。吴回生子陆终，陆终生子昆吾、参胡、彭祖、会人、曹姓、季连。其中季连姓芈，乃是鬻熊的直系祖先。

在先秦以前，男子称氏不称姓，女子称姓不称氏。因此，季连不叫芈季连，鬻熊也不叫芈鬻熊。还有一点需要说明的是，从鬻熊开始，这一支系就以熊为氏，即芈姓、熊氏。

鬻熊虽然很有政治才能，但不愿辅佐昏庸无道的商纣王（即帝辛，约公元前1105—前1046年，公元前1075—前1046年在位）。后来，岐山脚下的周部落在首领姬昌的领导下逐渐强盛起来。姬昌就是历史上著名的周文王（公元前1152—前1056年）。鬻熊见姬昌有真命天子之相，便归附了周部落。此时，鬻熊已经是90岁的老人了。

正所谓"老骥伏枥，志在千里"，鬻熊虽然垂垂老矣，但雄心不减当年。姬昌很器重鬻熊，毫不犹豫地拜其为火师。火师是商周时期一个非常重要的官职，既是天子的老师，又是朝廷政策的制定者之一。

在鬻熊等人的辅佐下，姬昌委任贤吏、改恶从善、赏罚严明，很快就把周部落的领地和人口扩大了数十倍。由于鬻熊对周部落的卓越贡献，武王姬发（约公元前1087—前1043年，约公元前1056—前1043年在位）和成王姬诵（公元前1055—前1021年，公元前1043—前1021年在位）均尊其为师。

为了褒扬鬻熊的功绩，周成王姬诵便封鬻熊的曾孙熊绎为楚子。《史记·楚世家》载：

> 熊绎当周成王时，举文武勤劳之后嗣，而封熊绎于楚蛮，封以子男之田，姓芈氏，居丹阳。

《汉书·地理志》载:

> 周成王时,封文武先师鬻熊之曾孙熊绎于荆蛮,为楚子,居丹阳。

两部在中国历史上影响甚大的史书,在关于楚国立国之始的记载大致相同。史学界据此认为,熊绎封君为楚国立国之始,丹阳为楚之始都。

对于丹阳的位置,历来说法不一,有人认为在今天的安徽省当涂县,有人认为在今湖北省秭归县,也有人认为在今湖北省枝江市,还有人认为是湖南省长沙市。不过,随着考古学的发展,越来越多的证据证明,丹阳可能位于今河南省淅川县境内。

熊绎不但足智多谋,而且十分勇敢。成王在岐阳盟会诸侯,熊绎应邀前往,但却颇受轻视。据《国语·晋书八》记载,熊绎被委以"置茅蕝,设望表,与鲜卑守燎"之任。商周时期,各地诸侯和官员朝见天子必须束茅而列,以表位次。"望表"是天子祭祀山川时设置的一种木制标志;"燎"应该是在盟会场所设置的神火。

所谓"置茅蕝",就是让熊绎去为中原的各大诸侯准备茅草;"设望表",则是让他砍树制作望表;"与鲜卑守燎",则是让其与北方的鲜卑族首领一起看护神火。

周成王为什么会做出这样的安排呢?这里可能有两方面的原因:其一,中原诸侯的爵位大多是公爵或侯爵,全少也是伯爵,而楚国国君仅为子爵,比其他诸侯的地位低很多;其二,楚国在中原各大诸侯的眼中乃是蛮荒之地、化外之民,因此,周天子认为楚国国君根本没有资格和中原的诸侯们一起参加盟会,只能替他们"守燎"。

这次事件被楚人称为"守燎之辱",并被记入了"国耻日"。从此之后,楚国便与周朝结下了仇怨。回到楚地后,熊绎立志发愤图强,发展生产,扩大疆土,以与周朝一争短长。他率部族居江上楚蛮

之地，"筚路蓝缕，以启山林"，以桃弧棘矢供奉周天子。通过数代人的努力，楚国疆域逐渐扩展，国力也不断增强，到其四世孙熊渠之时，楚国已经由一个方圆不足百里的小国发展成了占地数千里的泱泱大国。

（二）

在楚国逐步兴盛之时，周王室却日渐衰微。到了春秋时期（公元前770—前476年），周天子已经失去了控制中原各大诸侯的能力，不得不依附于较为强大的诸侯。在这290余年间，各大诸侯或吞并较小的诸侯国以扩充疆土，或互相攻伐以争夺霸权。据鲁史《春秋》所载，规模比较大的军事行动就达480余次。到春秋末年，八百诸侯仅剩下数十个较大的国家。司马迁在《史记》中描述这种情况时说：

> 弑君三十六，亡国五十二，诸侯奔走不得保其社稷者，不可胜数。

周天子虽然失去了对天下实际的控制权，但依然负有天下共主的虚名。因此，各诸侯国虽然已经在实际上独立于周朝之外，但依然不敢僭越称王。被中原诸侯视为蛮荒之地、化外之人的楚国则不管这些繁文缛节。楚国是各大诸侯国中第一个公开脱离周朝，率先称王的国家，这大概是楚人对"守燎之辱"的报复。

早在周厉王姬胡（？—前828，公元前878—前841年在位）时期，楚君熊渠就曾立其长子康为句亶王，次子红为鄂王，少子执疵为越章王。不过，此时的楚国在军事上还不足以和中原的各大诸侯相抗衡。熊渠担心周朝会以此为借口大肆伐楚，遂去掉了几个儿子的王号。

公元前8世纪初，熊通继任楚国国君。熊通励精图治，国力日增，疆土也扩展到了汉水（河流名，今汉江）、附近的巴、庸、濮、邓、

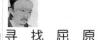

绞、罗、轸、申、贰、郧、江等诸侯国纷纷前来归附。当时，楚国国君的爵位依然是子爵，是各国诸侯中比较低的爵位。熊通认为，子爵已经配不上楚国的疆域和实力了，于是便千方百计地谋求进爵。

周桓王姬林（？—前697年，公元前720—前697年在位）十四年（公元前706年），熊通派大军伐随，随侯派少师到楚营责问熊通：

"我又没有犯罪，你为何要讨伐我呢？"

熊通毫不避讳地说：

"我们楚国素来被称为楚蛮，谁跟你玩那些繁文缛节？如今，中原的各大诸侯都已经背叛周天子，互相残杀，争夺霸主之位。我有兵甲，想要参与中原的政事，请周王室提高我的尊号。这种事情，自然不能由我自己说出来，不如你替我去说吧！"

随侯害怕楚国的大军，不得不按照熊通的意思去办。熊通本以为这是一件水到渠成的事，周天子即使不封他为"公"，起码也要封个"侯"。然而，周桓王虽然失去了权柄，但却仍然不愿意放下架子。他以楚国为化外之民为由，拒绝提升熊通的爵位。

周桓王十六年（公元前704年），熊通得知这一消息，勃然大怒，立即召集各路诸侯到沈鹿（今湖北省钟祥县东）会盟。巴、庸、濮、邓、绞、罗、轸、申、贰、郧、江等国国君均按时到会，唯有黄、随两国国君未到。

熊通怒不可遏，立即派大夫䓲章到黄国去责备该国国君，派大夫屈瑕去攻伐随国。结果，随国大败，随侯逃逸，随国的许多大臣都成了楚军的俘虏。从此之后，楚国奠定了其南方霸主的地位。熊通大喜，对各路诸侯宣布说：

"我的祖先是周文王的老师，只是死得比较早而已。后来周成王封我祖先熊绎为子爵，封于楚地。自楚开国以来，南方蛮夷无不归服，功劳这样大，而王室不给我加封，我就自封为王！"

熊通就是历史上著名的楚武王。自此，楚君皆称"王"，开诸侯僭号称王之先河，方时周室衰微，故无可奈何。熊通自立，也标志着楚国正式从周朝独立出来。

楚武王一生励精图治，把楚国治理得井井有条，蒸蒸日上。楚国人遂把目光锁定在了中原地区，欲与中原各大诸侯一争雌雄。不过，和齐、晋、秦、宋等传统大国相比，楚国的实力尚且不足。摆在楚国人面前的只有一条路，那就是在沉默中等待。

为了进入中原的政治舞台，直至称霸中原，楚国人奋斗了近百年的时间。到楚庄王熊侣（？—前591年，公元前613—前591年在位）在位时，楚国终于实现了称霸中原的政治目标。楚庄王就是历史上著名的春秋五霸之一。

历史上关于春秋五霸的说法不一。司马迁在《史记》中指出：春秋五霸指的是齐桓公（公元前716—前643年，公元前685—前643年在位）、宋襄公（？—前637年，公元前650—前637年在位）、晋文公（公元前697—前628年，公元前637—前628年在位）、秦穆公（？—前621年，公元前659—前621年）和楚庄王。

而王褒的《四子讲德文》则认为，春秋五霸是指齐桓公、晋文公、秦穆公、楚庄王和越王勾践（约公元前520—前465年，公元前496—前465年在位）。

此外，还有人认为，春秋五霸是指齐桓公、晋文公、秦穆公、楚庄王和吴王阖闾（？—前496年，公元前514—前496年在位）。

从这些说法中可以看出，不管如何划分，楚庄王都是春秋五霸的人选之一。

（三）

据说，楚庄王登基后，为了观察朝野的动态，也为了让其他诸侯国对他放松警惕，当政三年竟然没有发布一项政令，在处理朝政方面也

没有任何作为。楚国的大臣和百姓们都为楚国的前途担忧。

楚庄王不理政务，每天不是出宫打猎，就是在后宫与妃子们喝酒取乐，并且不允许任何人劝谏，他通令全国：

"有敢于劝谏的人，就处以死罪！"

主管军政的右司马御座看到天下大国争霸的形势对楚国很不利，就想劝谏楚庄王放弃荒诞的生活，励精图治，使楚国成为新的中原霸主。不过，他又不敢触犯楚庄王的禁令。怎么办呢？他思来想去，始终没有想出什么好办法。

有一天，御座看见楚庄王和妃子们做猜谜游戏，玩得兴高采烈，便灵机一动，决定用猜谜语的办法暗示楚庄王。

第二天上朝时，楚庄王还是一言不发，御座陪侍在旁，也一句话不说。就在楚庄王准备退朝时，御座上前，向其深鞠一躬，缓缓说道：

"大王，臣有一个问题斗胆向大王请教！"

楚庄王说：

"不妨说来听听。"

御座说：

"奏大王，臣在南方时，见到过一种鸟，它落在南方的土岗上，三年不展翅、不飞翔，也不鸣叫，沉默无声，请问这只鸟叫什么名呢？"

楚庄王知道御座是在暗示自己，就笑着说：

"三年不展翅，是在生长羽翼；不飞翔、不鸣叫，是在观察民众的态度。这只鸟虽然不飞，一飞必然冲天；虽然不鸣，一鸣必然惊人。你回去吧，我知道你的意思了。"

通过三年的观察，楚庄王发现大臣们要求富国强兵的心情十分迫切，自己整顿朝纲、重振君威的时机已经到来。因此，半个月以后，楚庄王上朝亲自处理政务，废除了十项不利于楚国发展的刑法，兴办了九项有利于楚国发展的事物，诛杀了五个贪赃枉法的大臣，起用了六位有才干的读书人当官参政，把楚国治理得很好。

　　这就是楚庄王"不鸣则已，一鸣惊人"的故事。《韩非子·喻老》对此有详细的记载。从楚庄王"一鸣惊人"的故事中足以看出这位君主的大智谋。有这样一位"领头羊"，楚国又怎么会不强大呢？

　　不过，楚国称霸并没有持续多长时间，中华大地就迎来了战国时代（公元前475—前221年，另一说从公元前453—前221年）。

　　春秋末期，经济、文化获得了长足的发展，人口增长迅速。在这种情况下，土地就成了各大诸侯争夺的首要目标。战国初期，各大诸侯无不忙着对外用兵，吞并周边的小国。

　　在此过程中，晋国等传统大国的王室逐渐衰落，大权旁落在韩、赵、魏、智、范、中行等六家大夫手中。经过数十年的内斗，赵、韩、魏三家于公元前453年灭掉智家，瓜分了晋国的土地。历史上把这一事件称为"三家分晋"，一些历史学家也将此视为春秋和战国的分水岭。

　　韩、赵、魏三家虽然瓜分了晋国，但晋国王室依然存在有半个世纪之久。公元前403年，韩、赵、魏三家打发使者上洛邑（今河南省洛阳市）去见周威烈王姬午（？—前402年，公元前425—前402年在位），要求周天子封他们为诸侯。

　　周威烈王想，他们都已将军政大权握在手中了，何不做个顺水人情，给他们个封号呢？再说，不给又能怎么样呢？此时的周王室已经徒有虚名，手中无权无兵，连一个普通的诸侯都比不上。于是，周威烈王就把韩、赵、魏三家正式封为诸侯。

　　自此，中华大地上出现了韩、赵、魏、秦、燕、楚、齐七国并立的局面，即历史上著名的战国七雄。七雄内修政治，外呈刀兵，均有独霸天下的想法。

第二章 快乐童年

指九天以为正兮，夫惟灵修之故也。

——（战国）屈原

（一）

战国时期，魏国、楚国、韩国、齐国、秦国、燕国纷纷掀起了轰轰烈烈的变法运动，以求富国强兵。战国是中华大地变革最为剧烈的一个时代。当时，奴隶制迅速崩溃，封建制逐步确立，原先的土地国有制也逐渐被封建土地私有制所代替。随着新兴地主阶级经济实力的增长，他们也要求获得相应的政治权力。因此，这些新兴的地主阶级纷纷要求在政治上进行改革，发展封建经济，建立地主阶级统治。

正是在这种背景之下，各国纷纷掀起了变法运动，如魏国的李悝变法、楚国的吴起变法等。魏、楚两国经过变法迅速崛起，成为当时诸侯中的两大霸主，其中尤以魏国的实力最为强大。魏惠王（公元前400—前319年，公元前369—前319年在位，公元前334年正式称王）东征西讨，南侵北战，成为天下霸王，威慑天下。楚国见状，也与其姻亲秦国联手，相互照应，共同抵御魏国。

公元前365年，魏、赵、韩西征伐秦，秦与魏、赵战于陕北、河西，与魏、韩战于洛南。结果，秦军在韩、赵、魏联军的打击下丢盔弃甲，大败而回。魏国夺取了河西华阴（今陕西省华阴县）、潼关

（今陕西省潼关县北），赵国夺取了榆次（今陕西省榆次县）、延安（今陕西省延安市），韩国则取灵宝（今陕西省灵宝市）至潼关。

楚宣王熊良夫（？—前340年，公元前349—前340年在位）闻讯后，大惊失色，立即举兵十万，经武关（今陕西省丹凤县东武关河北岸）、商邑（今陕西省丹凤县）至商州（今陕西省商州市），大战韩、魏联军。

次年，楚、秦联军于商州丹阳、洛南等地接连击溃魏韩联军，收取了大片失地，取得了战略的主动权。此时的楚国，地阔1500千米，将兵70余万，名震一时，致使中原各大诸侯无不对楚国畏惧三分。

这次战争结束后，楚宣王将商州古道以北的广大地区让给了秦国。秦献公（公元前424—前362年，公元前384—前362年在位）铭感五内，将楚国视为最亲密的战略伙伴。

公元前362年，秦献公病逝，其子嬴渠梁继位，是为秦孝公（公元前381—前338年，公元前361—前338年在位）。秦孝公决心发奋图强，赶超其他诸侯国。因此上任伊始，他就下了一道命令，要求各地搜罗人才。他在命令中说：

"不论是秦国人或者外来的客人，谁要是能想办法使秦国富强起来的，就封他做官。"

秦孝公这样一号召，果然吸引了不少有才干的人，商鞅就是这个时候来到秦国的。商鞅（约公元前390—前338年），战国时期卫国人，复姓公孙，名鞅。后来，他因在秦国变法有功，被秦孝公封为商君，故而历史上也称他为卫鞅、商鞅。

商鞅在少年时期便立有建功立业的雄心壮志，并努力学习那些叱咤风云的政治家、军事家的学说。后来，他游学他乡求取功名，在秦国两次变法，数次率师东伐，收复了大片失地，使相对弱小的秦国一跃成为北方强国。虽然商鞅的政治生涯只有20多年，但却在中国历史上写下了浓重的一笔，商鞅也被后人称为杰出的政治谋略家。

商鞅来到秦国后，经秦孝公的宠臣景监举荐，见到了秦孝公。他对秦孝公说：

"一个国家要富强，必须注意农业，奖励将士；要打算把国家治好，必须有赏有罚。有赏有罚，朝廷有了威信，一切改革也就容易进行了。"

在商鞅的一再劝谏之下，秦孝公决心变法。但是，此时秦孝公对商鞅的才能半信半疑，并没有全部采纳他的变法措施。几年之后，变法的成效才逐步显露出来，并为广大人民所拥护。

公元前356年，秦孝公任命商鞅为左庶长，正式实行变法。商鞅模仿李悝的变法经验，在秦国境内推行了恩威并举的新政。几年之后，秦国面貌一新，经济、军事实力大增，迅速崛起。

（二）

公元前354年，秦军携新胜之威，在河西之地大败魏军。这是数十年来秦军第一次依靠自己的力量获得的胜利。秦孝公看到了富国强兵的希望，此后更加器重商鞅。

楚国的大臣们看到秦国日渐强大，纷纷向楚宣王进言，劝他小心秦国。楚宣王笑道：

"秦国和我楚国世代姻亲，怎么会在背后做对不起楚国的事情呢？"

大臣们见楚宣王这样说，也不敢再进谏了。昏庸的楚宣王只看到秦楚之间的姻亲和联盟关系，却没有意识到，天下只有永恒的利益而没有永远的朋友。秦国逐渐强大，而楚国自著名的政治家吴起死后便走上了下坡路。长此以往，秦楚的联盟关系必然不复存在。

楚国著名的浪漫主义爱国诗人屈原，就是在列国争霸、秦国渐强而楚国渐弱的背景下降生的。屈氏源于芈姓，始于楚武王之子屈瑕。春秋初年，楚君熊通自立为武王。在此过程中，武王之子熊瑕功勋卓著，官至莫敖（地位仅次于令尹），被楚武王封于屈邑。

屈邑在现在的什么地方呢？由于年代久远，缺乏有力的史料，现已无法说清屈邑到底在哪里。目前，史学界提出了至少5种说法。第一种说法认为，屈邑位于今陕西省丹江上游的商州市附近；第二种说法认为，屈邑位于在今河南省淅川县东、湍河以西的邓州市与内乡县交界处；第三种说法认为，屈邑位于今湖北省南漳县西北；第四种说法认为，屈邑位于今安徽省淮河中游南岸的怀远县西南；第五种说法则认为，屈邑在今南漳县西南，即今荆山山脉的龙潭顶。

熊瑕被封于屈邑，他的后人便以封地之名为氏。在楚国芈姓贵族中，屈氏受封最早、家族最盛，自春秋以来皆是楚国统治集团中的显贵。屈重、屈完、屈御寇、屈荡、屈荡、屈到、屈建、屈生、屈巫、屈狐庸、屈申、屈罢、屈春、屈庐、屈阖、屈子荡、屈弗忌、屈匄等，都曾担任过高级官职。

屈原在其自传性长诗《离骚》开头部分写道：

帝高阳之苗裔兮，朕皇考曰伯庸。

这里的"帝高阳"，指的就是颛顼。颛顼是黄帝子昌意之子，受封于高阳，故称高阳氏。用现在的话来说，"帝高阳之苗裔兮"的意思就是"我是颛顼帝高阳氏的后裔"。

"朕皇考曰伯庸"是什么意思呢？由于年代久远，再加上缺乏有力的文字史料，现已无法复原其本意。关于这句话的意思，历来也是说法不一。一部分人认为，这里的"皇考"是对已故父亲的尊称，即屈原之父。按照这种说法，这句诗的意思应该是"我的父亲叫伯庸"。

另一部分人认为，这里的"皇考"是指屈氏祖先。那么，"皇考"指的是哪一位祖先呢？关于这一点，文学界、史学界的看法也不一致。正因为如此，"朕皇考曰伯庸"这句诗到底所指何意，几乎成了千古悬案。

目前，学界一般都采信前一种观点，即"朕皇考曰伯庸"意为"我的父亲叫伯庸"。本书亦采用这种观点。屈氏家族世代显赫，但到了屈伯庸这一代似乎已经衰落。如今，屈伯庸的事迹已无法考证。

屈原在其另一首长诗《惜诵》中曾写道：

思君其莫我忠兮，忽忘身之贱贫。

按照这一说法，屈伯庸虽然还保有贵族的身份，但家境已经比较困难了。不过，这极有可能是一种纵向比较，而不是和普通百姓相比。也就是说，屈氏家族在屈伯庸这一代已没有了从前的那种显赫，但经济状况还是比普通百姓好很多。

公元前340年夏历正月二十三，屈原降生于秭归乐平里的屈氏老宅中。关于屈原的出生日期，屈原在其代表作《离骚》中亦有明确的叙述。他说：

"摄提贞于孟陬兮，惟庚寅吾以降。"

王逸《楚辞章句》注释说：

"太岁在寅曰摄提格，孟，始也，贞，正也，正月为陬。"

也就是说，屈原出生的日期应是寅年的正月庚寅日。历史学家根据历法进行推算，确认了屈原的出生日期（至今仍有争议）。

按照史书和屈原自己的作品记载，在屈原出生之前，屈伯庸只有一个女儿女嬃（亦有历史学家认为，女嬃并非屈伯庸之女，而是屈原之女）。在古人的心目中，没有儿子是一件耻辱的事，与屈原大致同时代的孟子就曾说过：

"不孝有三，无后为大。"

应当指出的是，这里的"无后"专指没有儿子。由此可以想见，屈原的降生给屈伯庸带来了多大的快乐。当听说新生儿是个儿子的时候，屈伯庸也顾不上男人不能进产房的风俗了，"蹭"地一下冲入产房，抱起儿子，久久凝视，不肯放下。

站在一旁的产婆笑呵呵地说：

"恭喜王孙，贺喜王孙，赶快给小公子取个名字吧！"

屈伯庸这才想起给儿子取名的事情。他抱着儿子，低着头，在房间里踱来踱去，似乎在搜肠刮肚地寻找合适的词语。突然，他喃喃地说道：

"寅年寅月庚寅日，这是一个多么不平凡的日子啊！"

产婆为了多讨点赏钱，也附和着说：

"那是，那是，小公子将来必成大器！"

屈伯庸笑道：

"托老妈妈的吉言，希望这个小家伙将来能成为我楚国的栋梁之才！"

产婆忙不迭地在一旁回答说：

"那是一定的，那是一定的。"

屈伯庸想了想，说道：

"那就给他取名叫平，字原吧！"

产婆顺口恭维道：

"好名字，好名字！"

关于"屈原"这个名字，屈原后来在《离骚》中说：

"皇览揆余初度兮，肇锡余以嘉名：名余曰正则兮，字余曰灵均。"

这几句话的意思是：

"我的父亲看到我出生的日期很特别，就给我去了一个好名字：名字叫正则，字灵均。"

"正则"乃是公正的法则，隐寓"平"字之义；"灵均"则指高而平的沃土，隐寓"原"字之义。名和字联系起来看，意义非常深远。屈伯庸希望儿子将来能够辅佐楚王，用公正的法则来管理广阔的楚国大地。

（三）

屈原出生前后，秦国与魏国又在河西地带打了数仗。秦军连战连捷，扭转了在诸侯之中挨打割地的被动局面。商鞅也在指挥战斗中显露出了超群的军事才能，秦孝公遂任命商鞅为大良造，掌管国家的军政大权。

商鞅看到魏军虽然数次被秦军打败，却仍具有强大的军事力量。魏国在东面攻破了赵国国都邯郸，在襄陵战败了齐、宋、卫的联军，逼

齐讲和。一旦魏国控制住东面的局势，必然会调头西进，攻打秦国，而秦国此时的国力还不足以同魏国抗衡。

同时，秦国国内的变法还有待于进一步深入，反对变法的人还有很强的势力。商鞅同秦孝公商议之后，决定主动放弃河东地区及河西的大部分地区，同魏国讲和。

公元前350年，秦孝公和魏惠王在彤（今陕西省华县）相会修好。此后，相对和平的外部环境又为商鞅的第二次变法创造了有利条件。商鞅的两次变法使秦国彻底摆脱了奴隶制的枷锁，完成了历史性的变革，解放了生产力。秦国的经济和军事实力飞速增长，很快就赶超魏、赵、齐、楚等大国，成为当时唯一的超级大国。

此时，屈原也在父母的精心照料下一天天长大了。屈原的家乡秭归乐平里拥山环水，是一个美丽的小城。战国时代的城市自然无法和今天的城市相比。用今天的眼光来看，那时的城市充其量不过是个稍大些的村庄罢了。正因为如此，小时候的屈原才得以与大自然进行最为亲密的接触。

乐平里四周都是高耸险峻的大山，山上长满了郁郁葱葱的树木，其中大部分都是橘子树。大山和树木的存在，为乐平里增添了几分厚重的气息。不过，这里也不乏水的灵秀，长江就在不远处浩浩荡荡地流向远方。在夜深人静的时候，侧耳细听，还可以听到奔腾的江水冲刷岩石的声音。长江的支流香溪则从乐平里缓缓流过。

屈原小时候就很喜欢故乡的大山，也喜欢故乡的香溪。每年春季，屈原都会跟着姐姐女嬃到山上去看五颜六色的野花。屈原很活泼，总是在花丛中跑来跑去，一会儿看看这，一会儿又摸摸那。

美丽聪敏的女嬃担心弟弟摔着，紧紧跟在后面，不停地嘱咐说：

"弟弟，你慢点，你慢点，不要摔着！"

"知道了。"小屈原头也不抬回答着，继续寻找着他喜欢的花朵。

女嬃无奈地摇摇头，心想：

"我得想个办法，让他停下来休息一下。"

"有了！"聪明的女嬃见屈原的衣袂随风起舞，想到了一个好办法。她采了许多漂亮的花朵，编成一条条美丽的彩带，对着弟弟喊道：

"嘿，弟弟，你看这是什么？"

小屈原回头一看，见姐姐面前摆着许多用花朵编成的彩带，不由地赞叹道：

"真好看！可以给我吗？"

女嬃狡黠地一笑，回答说：

"当然可以啊！不过，你不能把它们弄坏了哦！你看，这么美丽的彩带，弄坏了多可惜啊！"

小屈原蹦蹦跳跳地来到女嬃面前，撒娇似地说："不会的，我一定不会弄坏的。姐姐，你就把它们给我吧！"

女嬃笑呵呵地说：

"来，姐姐给你别在衣服上。"

小屈原很顺从地站着，让姐姐把鲜花做成的彩带一条条地别在衣服上。过了一会儿，女嬃说：

"好了，去水边照照，看看好不好看？"

说着，姐弟俩手牵着手，向附近的小溪走去。那个时候，镜子还是稀罕物，只有王宫大臣们才能用上，一般的贵族和百姓连见都没见过。山里的溪水清澈见底，刚好可以当镜子用。女嬃和她的女伴们梳妆的时候就是用小溪或水井当镜子。

姐弟俩来到小溪旁，对着溪水照了起来。只见溪水中倒映着一个清秀的少女和一个活泼可爱的小男孩。小男孩的衣服上还缠满了鲜花做成的彩带，白皙的脸庞在彩带的映衬下显得十分美丽。

小屈原乐不可支，不禁手之舞之、足之蹈之起来。女嬃也在一旁轻轻哼起了欢快的曲子。大概就是从这个时候起，小屈原就喜欢上了各种美丽的鲜花和香草。后来，在他的笔下，鲜花和香草还成了美丽、纯净的象征。

除了到山上去玩，小屈原还经常跟着姐姐到香溪河畔散步。香溪不但水质清澈，两岸还长满了许多屈原叫得出名字或叫不出名字的小化。小屈原就缠着姐姐，让她用那些美丽的小花给自己编织彩带和花环。

第三章　勤学苦读

亦余心之所善兮，虽九死其犹未悔。

——（战国）屈原

（一）

随着年龄的增长，屈原越来越爱整洁了。他每天起床的第一件事就是走到姐姐跟前，请她给自己梳头、洗脸、整容。姐姐见状，就打趣地说：

"弟弟，爱整洁是好事情。不过，保持心地纯洁更重要。如果心灵不纯洁，外表再整洁的人也不会受欢迎的。"

屈原用力点了点头，缓缓说道：

"姐姐说得很对。不过，脸脏了可以用水洗，衣服脏了也可以用水洗，心灵怎么洗呢？"

女嬃见弟弟开窍了，就给他讲一些美德故事。讲完之后，她总结道：

"保持心灵的纯洁是一件很不容易的事。不过，只要一心向善，时时省察自己，看看自己的内心有没有邪念，看看自己的行为是不是检点，就一定能保持心灵的纯洁。"

屈原听完姐姐的话，感叹道：

"要是能在溪水中照见自己的心灵该有多好啊！那样，只要到小溪边看一眼，就知道自己的心灵纯不纯洁了！"

17

女婴见弟弟如此天真，狡黠一笑，回答说：

"溪水不能照见自己的心灵。我听说，山上的泉水来自天上，用泉水照面就能看到自己的心灵。"

屈原听姐姐这么说，立即站起来，兴奋地说：

"姐姐，我们去修一口照面井吧！"

女婴见弟弟认真起来，心想：

"这正是教育弟弟的大好机会，不如就顺着他吧。"

就这样，姐弟俩拿着工具，来到三星岩。他们挖呀挖呀，直累得汗流浃背，气喘吁吁，也不肯停下来。三星岩土质坚硬，他们一连挖了两天才只挖了铜锣大的一块地面，深不到一尺。

第三天上午，屈原又缠着姐姐到三星岩去挖井。他们挖着挖着，不知道从哪来了一位白胡子老者。在秭归的民间传说中，这位白胡子老者是三星岩的山神。山神走上前，笑眯眯地问：

"女婴，屈原，你们在挖水井吗？"

女婴回答说：

"是啊，老人家。"

屈原也在一旁附和着说：

"是的，老人家。我们想挖一口又能帮助过路人解渴，又能照面照心的水井。"

山神将了将白胡子，眯着眼睛说：

"有志气呀，孩子！可挖这井，你没选准位置呵，你听着：三星岩，三星岩，对准三星引泉来。折断龙骨泉眼开，照面照心涤尘埃。"

聪慧的屈原一下子就明白了山神话中的意思。他送走老者，正对着三星岩选了一处新井位，然后又和姐姐一起热火朝天地挖了起来。挖得手打泡了，胳膊也酸了，可一连挖了两天，才挖出铜锣大的一块地面，深不到一尺。

屈原擦了擦汗，问女婴：

"姐姐，水井什么时候才能挖成呢？"

女婴鼓励弟弟说：

"只要努力，一定能挖成的。一天挖不成，我们就挖两天；两天挖不成，我们就挖三天。我相信，总有一天能把它挖好。"

就这样，屈原在姐姐的鼓励下，不断努力，不断地挖，终于挖出了泉水，修成了照面井。那水又清又凉，又甜又香，真跟琼浆玉液一般。只不过，由于没修井沿，没有花草树木映衬，这照面井还显得很粗糙。

附近的乡亲们听说屈原姐弟俩在山腰上挖出了泉水，纷纷赶来看热闹。人们见屈原姐弟俩满手都是水泡，不禁赞扬道：

"真是两个有毅力的孩子，就连我们这些大人也要向他们学习。"

这时，人群中有人附和说：

"是啊！不如大家现在就向他们学习，把这眼照面井修得漂亮点。"

人们纷纷回应说：

"好啊，好啊！"

就这样，石匠把井口凿成半月扇面，镶了井沿；孩子们从山上采来芝兰，小伙子们从北风垭移来常青树，栽在井边。经过大家的一番努力，照面井焕然一新，变得非常漂亮。从此之后，屈原每天清晨都会来到井边，用清清的泉水冲洗散开的长发，濯洗鲜红的帽缨。长发、帽缨浸在水里，泉水就打起漩涡，跳起来为他洗脸。每次梳洗完毕，他就对着明亮的井水，察看自己心地里有没有私心邪念，行为上有什么不够检点……

据说，由于照面井是在山神的指导下挖成的，井水不但十分清澈，还具有非常奇特的功能。好人喝它，清爽津甜，不生疔疮；坏人喝它，五内俱焚，腹如刀绞。好人愈照愈美，坏人则愈照愈丑。当然，这些只是传说，大概是后人为了纪念屈原而附会出来的。

（二）

大概在屈原七八岁的时候，开始学习识字和读书。由于年代久远，又缺乏有力的文字史料，现在已无法考证屈原的文化知识是跟谁学习的了。先秦时代，官方或民间开办的学校比较少，大部分孩子的文化知识都是跟随家长学习的。屈原的老师很可能就是他的父亲屈伯庸。

小屈原很喜欢读书，每天总是手不释卷。母亲担心他看书看坏了眼睛，就在一旁叮嘱道：

"孩子，休息一下吧，不要熬坏了眼睛。"

"知道了。"屈原头也不抬地回答着，眼睛依然盯着手中的简册。

当时还没有纸张，文字都是写在帛和竹简或木简之上的。帛价格昂贵，除王公贵族之外，普通人根本用不起。普通人看的书都是将文字刻在竹简或木简之上，然后用割成细条的生牛皮串编起来的简册。简册十分笨重，携带极不方便。

不过，喜爱读书的屈原一点也不觉得它们笨重。为了躲避母亲的唠叨，他还经常带着简册到不远处的山洞去读书。山洞比较隐蔽，相当安静。有一天，他在山洞里读书入了迷，竟然忘记回家吃饭。

到了中午，家人不见屈原回家吃饭，都不安起来。那时人口稀少，经常出现野兽伤人事件。母亲担心屈原的安危，慌忙让丈夫召集相邻，去找儿子。屈伯庸不敢怠慢，带着几十个身强力壮的小伙子把附近的山林搜了一个遍，也不见屈原的身影。

屈伯庸非常着急，发疯似地喊道：

"孩子，你在哪里？你回答父亲啊！你在哪里？"

屈原在山洞中听到父亲的喊声，才惊道：

"糟糕，忘记回家吃饭了，父亲和母亲肯定担心死了。"

屈原一边收拾书简，一边高声回答道：

"父亲，我在这里。"

屈伯庸听到儿子的声音，循声找去。不一会儿，父子俩便在山洞口相遇了。屈伯庸又急又气地质问道：

"你跑到哪里去了？你知道你母亲有多担心你吗？"

屈原不好意思地低下头，小声回答说：

"我在洞里看书，不小心忘了时间。"

屈伯庸听说儿子因为看书入迷才忘了时间，又高兴又生气。高兴是因为儿子很争气，喜欢看书；生气是因为儿子太爱看书，以致忘了时间，让家里人担心。

屈伯庸抚摸着屈原的头，嘱咐道：

"不要再到山洞里来看书了。下次出去时一定要告诉我们你的去向，这样我们也好找你。"

屈原用力点了点头，回答说：

"孩儿一定听从父亲的教诲。不过，这山洞既安全又安静，真是一处看书的好地方。请父亲允许孩儿经常来这里看书。"

屈伯庸四处察看了一下，见山洞四周环境优雅，距离城市也不远，就答应下来。从此之后，屈原经常一个人跑到山洞里读书。据说，这处山洞位于伏虎山脚下的一条小溪边。那是一个天然石洞，石洞虽然不大，但洞中另有天地，景象十分别致。洞壁像是刻满了浮雕图案，花鸟草虫，千姿百态。从洞顶悬下的钟乳石，如同朵朵白莲倒挂，晶莹玉洁，煞是好看。岩浆水就像朝露在顺着白莲花瓣一滴滴地落下，叮咚叮咚，比珠落玉盘还好听。

在屈原的整个少年时期，山洞中时时回荡着他那朗朗的读书声。后人为了纪念屈原，就把这个山洞称为读书洞。至今，秭归地区还传说，每逢皎洁的月夜，就能听见从读书洞里传出读书声。这声音时隐时显，时高时低，比歌声还动人，比琴声还好听。人们都说，这是屈原正在读书呢！其实，这是一种自然现象，是夜风吹进山洞激起的声音。

少年时代的屈原除了喜欢读书之外，还很喜欢收集民间文学。楚国是一个诗和歌的国度，那里不但风景优美，百姓也都能歌善舞。遇到丰收或嫁娶的好日子，人们都要聚在一起，载歌载舞，大肆庆祝一番；恋爱中的青年男女也喜欢用歌声来表达他们的爱意；就是平时劳动的时候，人们也喜欢哼上一段美妙的曲子。

据说，屈原为了收集民间诗歌，有一次竟然在雪夜走了数十里的山路，去拜访一位远近闻名的歌王。歌王是一个驼背老人，自称巴山野老。他被屈原一心求学的精神所感动，连着唱了几天几夜的歌，让屈原一一记录。

天长日久，屈原收集了许多民间诗歌。正是在这些诗歌的影响下，成年后的屈原才创作出了对后世文学影响深远的骚体诗，成为中国历史上的一位伟大诗人。

（三）

时光荏苒，岁月如梭，转眼间屈原已经长成了一个英俊的小伙子。这时，各诸侯国内部及其之间的关系都发生了很大的变化。公元前338年，秦国著名的国君秦孝公去世，其子嬴驷继位，是为秦惠文王（公元前354—前311年，公元前338—前311年在位，公元前324年称王）。

秦惠文王为太子时，曾经违反过秦国的法律。当时，商鞅主管刑法。他主张"王子犯法庶民同罪"，但又不能真正做到这一点，就黥（在脸上刺字）其师以辱之。是故，嬴驷一直对商鞅怀恨在心，想找机会处死他。不过，当时商鞅有秦孝公保护，嬴驷一直没有找到下手的机会。

如今，秦孝公死了，商鞅失去了保护伞。公元前338年，秦惠文王下令，将商鞅车裂于彤。车裂是古代最残酷的刑法之一，即民间所说的五马分尸。

商鞅虽然死了，但他所进行的变法却已深入人心。秦惠文王也亲眼看到了商鞅变法为秦国带来的好处，自然不会废除商鞅之法。因此，秦惠文王继续在秦国执行商鞅制定的政策，使秦国迅速富强起来。

秦孝公去世两年后，即公元前340年，楚国也换了国君。这一年，楚宣王去世，其子熊商继位，是为楚威王（？—前329年，公元前339—前329年在位）。楚威王是一位很有作为的君主。他继续执行楚宣王救

赵伐魏与开拓巴蜀的格局，积极致力于恢复楚庄王时代的霸业。

为了实现这一梦想，楚威王励精图治，秣马厉兵，随时准备吞并大海之滨的越国。公元前334年，就在楚国做好了攻打齐国的一切准备之时，中原地区又出事了。这一年，魏惠王率领韩国和一些小国到徐州（今山东省滕县东南）朝见齐威王，尊齐威王为王。齐威王不敢独自称王，也承认了魏国的王号。这一事件被历史学家称为"徐州相王"。

此时，楚威王正准备攻打地处江南的越国。他听说齐、魏两国在徐州相王，勃然大怒。齐、魏两国称王，楚威王为何会生气呢？

原来，在所有大诸侯国中，楚国是第一个称王的。大王多了，楚王的这个名号也就不值钱了。楚威王把齐、魏两国"徐州相王"视为对楚国的挑战，心下愤愤不平，因此立即整顿兵马，准备挥师北上。

齐威王听说楚国要攻打齐国，非常害怕。当时的楚国是天下第二大诸侯国，只有秦国方能与其抗衡。至于齐国、魏国、韩国、赵国一类的国家，根本不是楚国的对手。

就在这时，地处江南的越国也掺和进来。越王无疆一心想要效仿他的祖先勾践，与列国争雄，称霸中原。然而，此时的越国已不是勾践时代的越国了。它已经失去了往日的威风，完全沦落为一个三流小国。

无疆却不管这些，他见楚国要攻打齐国，心想：

"越国称霸中原的时机到了。俗话说，两虎相争必有一伤，等他们打得不可开交之时，我就派大军从背后偷袭，攻下这两个大国。"

遗憾的是，越王无疆的计划很快就传到了齐威王的耳朵里。齐威王得知楚国要攻打齐国，吓得胆战心惊，但得知越国要同时进攻齐国和楚国时，他又笑了。这不是送羊入虎口吗？更何况，无疆这个人不仅志大才疏，还经不起忽悠，只要派一个人去游说，他肯定会全力去攻打楚国。

齐威王的想法很对，他派出的使者没费什么口舌就说服了无疆，让无疆去攻打楚国。历史上关于这一战役的记录很少，现在已没办法知道楚威王是如何击溃无疆的了。不过，有一点可以肯定，越军一定败得很惨，不然越王无疆也不会死于乱军之中。经过这一战，楚威王将越国北部（今江苏、安徽两省长江以北的大部分地区）全部收入囊中。

紧接着，楚威王又调转矛头，向齐国杀去。齐威王有点坐不住了。他原本以为越军即使打不过楚军，也能抵挡一阵，没想到越军如此不堪一击，连江淮（今安徽、江苏两省淮河流域）的土地都丢了。这下可好，楚军携新胜之威，士气必然高涨，齐军哪是他们的对手啊！

慌乱之中，齐威王只好命申缚为将，领兵前去迎敌。两军在徐州遭遇，混战一场。申缚不敌，率部向泗水（古河流名，发源今山东境内，流经安徽、江苏北部，注入淮河）方向逃窜。楚军紧追不舍，在泗水之上大败申缚。由此，楚国的疆土扩展到了泗上，直接与齐国接壤。

楚军两战两捷，声威大震，楚威王熊商之名也传遍天下。俗话说，"杀敌一万，自损八千"，楚军虽然打了胜仗，但自身的伤亡也相当惨重，粮草消耗更是不计其数。为了加强部队的战斗力，楚威王只好征兆新兵入伍，加重百姓的赋税；再加上楚国自然灾害多发，百姓的日子愈发艰难。屈原所在的乐平里就有不少人衣不蔽体，食不果腹。

第四章 《橘颂》明志

袅袅兮秋风，洞庭波兮木叶下。

——（战国）屈原

（一）

屈原支持楚威王对越国和齐国用兵，但也不愿看到生灵涂炭。他认为，国家强大起来的目的是让老百姓过上好日子。除此之外，国家再强大也毫无意义。

有一天，屈原来到长江边上的米仓口游玩。他早就听说过米仓口的神奇之处。据说有一年，楚国大旱，田地歉收，老百姓吃不饱肚子，个个饿得瘦骨嶙峋，弱不禁风。普度众生的巫山神女下凡来到峡中，点石为仓，指沙成米，救人饥困，助民度荒。从此之后，吃不饱的穷苦人就到米仓口接一点米回家度荒。说来也怪，这米仓口每次流出的白米总是不多不少，恰恰能让那些穷人吃饱肚子，从来不会多给。

有一次，一个贪婪之徒混进取米人的队伍。他想：

"如果能把米仓口凿大一点，多流一点白米的话，我就能开米行了！"

当天晚上，贪婪之徒便独自驾了一只小船来到米仓口下。他拿出事先准备好的锤子、凿子，"叮叮当当"地凿起来。凿着凿着，忽听米仓内"轰隆"一声巨响，白花花的大米就像喷泉一样涌了出来。

这个人见状，乐坏了，整整忙活了一夜，不停地把米往小船上装。

直到天蒙蒙亮时，他才恋恋不舍地离开。可等他到了家，打开袋子一看，顿时傻眼了：哪里有什么大米？满船都是细沙。贪婪之人又惊又怒，气得破口大骂起来。

其实，巫山神女早就看清了这人的贪婪，想借机稍稍惩戒他一下，没想到他非但不知悔改，还咒骂巫山神女。神女被气坏了！从此以后，米仓口再也没有流出白米，流出的全是沙子。

屈原站在米仓口下，默默地看着像米粒一样的细沙慢慢涌出，思绪万千。看了一会儿，他不由自主地蹲下身抓起一把，感叹地说：

"米仓口呀米仓口，你为什么不流点米出来呢？难道你没有看见那些面黄肌瘦的百姓吗？"

米仓口依然慢悠悠地向外涌着沙子，根本不理会屈原。突然，一道灵光从屈原的脑海中闪过：

"米仓口不流大米，我可以想办法让它流出大米啊！"

过了几天，附近的穷苦百姓都纷纷议论说：

"巫山神女又下凡了，还是和古时候一样，点石为仓，指沙成米。"

一些没有饭吃的百姓闻讯后大喜，每天早晨都背着背篓到米仓口去接米。屈伯庸听说这件事情后，感慨地说：

"上天真是眷顾我楚国的百姓啊！如果没有巫山神女的帮助，我乐平里不知道要有多少人饿死路口了！"

然而几天后，屈伯庸发现事情有些不对。米仓口是在天天出米，可屈家米仓中的大米却在每天减少。这是怎么回事呢？他把这两件事联系在一起，心想：

"莫不是神女先在我的米仓里暂借一点，放到米仓口去扶危济难？难道我做错了什么事情，神女要惩罚我？"

屈伯庸不敢声张，只是暗中对天焚香祷告说：

"如果我屈伯庸有什么罪过，还请神女不要忌恨！我家也不富裕，如果神女每天都从我家借米的话，我的孩子就要挨饿了。"

屈伯庸祷告过后，米仓口依然天天有米流出来，屈家米仓中的大米

也天天在减少。他坐不住了，心想：

"这到底是怎么回事呢？我一定要弄清楚。"

乐平里有一个胆大心细的小伙子。他觉得米仓口出米的事情有些奇怪，也想去一探究竟，因此就约了几个伙伴，趁天黑驾一只小船悄悄来到米仓口。他们把小船停好后，就躲在不远处的一个小石洞里，密切关注着米仓口的动静。

时间一点一点地过去了，四周依然静悄悄的，一点动静都没有。有人不禁小声嘀咕道：

"神女去哪里了？怎么还不来？"

他的话音刚落，立即有人打着哈欠，低声回答说：

"是啊！说不定知道我们在这，今晚不会来了。"

突然，有人指着远处的江滩，惊喜地说：

"快看，那是什么？"

众人不由地屏住呼吸，向江滩方向望去。只见江滩上有一个隐隐约约的人影，正摇摇晃晃地向米仓口走去，背上似乎还驮着一个沉重的大包袱。过了一会儿，那个人影将背上的包袱往米仓口下一倒，又转身向远处走去。

众人悄悄爬出山洞，来到米仓口下，伸手一摸，地上堆的果然大米。他们也顾不得分米了，赶紧回头去追那个"神女"。众人追啊追啊，好不容易才在江边追上。众人齐刷刷地跪在江滩上，高声喊道：

"谢神女恩德！"

"神女"回转身，怔了半晌，似乎被眼前的情景吓坏了。过了好一会儿，"神女"才开口说道：

"快起来，切莫声张！"

众人听到这话，无不惊诧不已。这哪里是什么神女，分明是一个小伙子啊！那个胆大的小伙子站起来，向前走了几步，想看清楚"神女"的面貌。

"呀，这不是屈家公子吗？"小伙子惊诧道，"原来你就是神女！"

众人一听，也都跑了起来，围在屈原身边。在众人的一再追问下，屈原才说出实情。原来，他为了接济乡亲，竟然瞒着父亲把自己家里的大米偷偷背出来，堆在米仓口下。众人听了这话，无不感动不已，不知说什么才好。

就在这时，不远处又传来悉悉索索的脚步声。众人循声望去，只见一个身材高大的男了正朝这边走来。屈原仔细一看，大惊道：

"这不是我的父亲吗？糟了，他肯定知道我偷米的事情了。"

屈伯庸眼见着家里的米一天天减少，心急如焚。他想：

"是祸躲不脱，躲脱不是祸，不管这失米的事是祸是福，我一定要弄清真相。"

于是，他最近就格外留心米仓的动静。这一天天要快亮时，他听到米仓里有响声，就悄起床察看，结果发现儿子从米仓里背了米往江边去，就跟了过来。

屈原见躲不过去了，只好迎上去，愧疚地说：

"父亲，对不起。我错了，请您治罪！"

令屈原没有想到的是，屈伯庸并没有责怪他。他沉默了半晌，缓缓说道：

"孩子，你胸怀坦荡，如中秋的月亮，正大光明，没有罪。不过，孩子，你这么做能拯救多少穷人呢？与其施舍一点米给穷人，不如好好用功读书，多学一些辅佐君王之道，好让国家富强，百姓过上好日子。这才是真正的经世济民啊！"

屈原用力点了点头，把父亲的话牢牢记在心中。从此之后，他读书更加用功了。

（二）

秭归地处南国，气候温暖，非常适合橘树的生长。乐平里附近的伏虎山上到处都长着郁郁葱葱的橘树。每到秋天橘子成熟的时候，漫山遍野都飘着橘子的香味。

屈原很喜欢橘树，因为它们只适合生长在南方的土地上，倘若移植到淮北去，形态虽然相似，但结出的果实却又小又涩。这就是人们常说的"橘生淮南则为橘，生于淮北则为枳"。屈原是一个热爱故土、热爱祖国的人，在他心中，橘树的这一特殊习性便成了依恋故土的象征。

这年秋，漫山遍野的橘子又成熟了，散发着诱人的香味。业已成年的屈原也开始考虑他的职业规划了。多年来，他在父亲屈伯庸的教导下阅读了大量的书籍。虽然不能说是学富五车，但也称得上是满腹经纶了。

就在这时，楚威王派使者来请屈原去兰陵宫担任文学侍从。一般认为，兰陵宫位于今山东省兰陵镇（历史事实如何尚待考证）。这本是一处夹在齐国和越国之间的城邑。楚威王接连大败越王无疆和齐威王之后，这里便成了楚国北部最重要的城邑之一。

楚威王为什么要把兰陵宫设置在这里，且又将大量的读书人征召到这里呢？按照当时的情况来推测，原因可能有两点：第一，楚威王在兰陵设置行宫，意在震慑齐国；第二，兰陵靠近中原，有利于楚国的读书人学习中原文化。

那么，楚威王又怎么会想到将屈原召到兰陵去呢？其中的原因现在已不得而知，但根据当时的情况来猜测，大概也不外两个原因：第一，当时的读书人本来就不多，国君对天下读书人的情况应该都比较熟悉；第二，屈原出身贵族，可以"近水楼台先得月"。

接到楚威王的任命之后，屈原简单准备了一下就出发了。出发前，他特意来到伏虎山，观赏他钟爱的橘树。看着漫山遍野的橘子，再想着马上就要离开南国，屈原的心里思绪万千，久久不能平静。

《毛诗序》中曾说：

"诗者，志之所之也。在心为志，发言为诗，情动于中而形于言；言之不足，故嗟叹之；嗟叹之不足，故咏歌之；咏歌之不足，不知手之舞之足之蹈之也。"

即将离开故土的屈原就是这样。他的心里有许多话要对他深爱的故乡说，但又不知道从何说起。于是，他便写了一首《橘颂》，用诗歌来表达自己的感情。《橘颂》全诗如下：

后皇嘉树，橘徕服兮。

受命不迁，生南国兮。

深固难徙，更壹志兮。

绿叶素荣，纷其可喜兮。

曾枝剡棘，圆果抟兮。

青黄杂糅，文章烂兮。

精色内白，类任道兮（亦作"类可任兮"）。

纷缊宜修，姱而不丑兮。

嗟尔幼志，有以异兮。

独立不迁，岂不可喜兮？

深固难徙，廓其无求兮。

苏世独立，横而不流兮。

闭心自慎，终不失过兮。

秉德无私，参天地兮。

愿岁并谢，与长友兮。

淑离不淫，梗其有理兮。

年岁虽少，可师长兮。

行比伯夷，置以为像兮。

古代的诗词都是无法用现代汉语来诠释的，一旦换成现代汉语，就失去了原来的韵味，尤其是独树一帜的楚辞。然而，如果不用现代汉语来诠释，像楚辞这样的古代诗歌读起来又特别诘曲聱牙，如果没有专业知识，甚至会出现看不懂的情况。所以如果用现代汉语来诠释的话，《橘颂》的大致意思是这样的：

橘树啊，你这天地间的佳树，生下来就适应南国的水土。

你的品质坚贞不变，生长在江南的国度。

根深难以迁移，那是由于你专一的意志。

绿叶衬着白花，繁茂得让人欢喜。

枝儿层层，刺儿锋利，饱满的果实。

青中闪黄，黄里带青，色彩多么绚丽。

外观精美内心洁净，类似有道德的君子啊。

长得繁茂又美观，婀娜多姿毫无瑕疵。

啊，你幼年的志向，就与众不同。

独立特行永不改变，怎不使人敬重。

坚定不移的品质，你心胸开阔无所私求。

你远离世俗独来独往，敢于横渡而不随波逐流。

小心谨慎从不轻率，自始至终不犯过失。

遵守道德毫无私心，真可与天地相比。

愿在万物凋零的季节，我与你结成知己。

内善外美而不放荡，多么正直而富有文理。

你的年纪虽然不大，却可作人们的良师。

品行好比古代的伯夷，种在这里作我为人的榜样。

在《橘颂》中，屈原不仅赞颂了橘树"热恋"故土的特殊习性，也赞美了它的外貌和内质的美。橘树有梗直的干，纹理优美；有碧绿的叶，素白的花，金黄的果；它"精色内白，类任道兮"。外在美与内在美的完美统一，使得它"娇而不丑"。

很显然，屈原想以橘树为榜样，学习橘树的这种既重外美，又重内修的本质。这一点从他的代表作《离骚》中也有所体现。在《离骚》中，他说：

"纷吾既有此内美兮，又重之以修能。扈江离与辟芷兮，纫秋兰以为佩。"

屈原的这些话不仅是说说而已，他也是这样做的。这也是他成为一伟大的爱国诗人的思想基础。

（三）

公元前332年秋，屈原离开了他热爱的故乡，前往兰陵宫任文学侍从。当时的交通不像今天这样发达，出门走陆路也只有两种选择，步行或骑马；走水路则只有一种选择，乘坐独木舟。

从乐平里到兰陵之间横亘着千山万水，既有一马平川的平原，也有崎岖陡峭的山区和波涛汹涌的大江、大河。一路上，屈原或骑马、或乘舟，晓行夜宿，吃尽了苦头。直到第二年的春天，他才抵达兰陵宫。

数月的风餐露宿让屈原看起来有些疲惫，但依然无法掩盖他那英俊的相貌和飘然独立的风骨。屈原刚到兰陵宫，几个小厮就迎了上来，问道：

"阁下可是乐平里的屈原公子？"

屈原很有礼貌地回答说：

"在下正是屈原。"

小厮们向屈原行了礼，热情地说：

"屈公子快跟我们进来吧，太子已经等候多时了。"

屈原诧异地看着众人，不由地问道：

"太子？"

一个小厮笑着向屈原解释说：

"太子仰慕公子的为人，想要和您结交，早就让小的们在此等候了。"

小厮们口中所说的"太子"名叫熊槐（公元前360—前296年），乃楚威王之子。此人素有雄心大志，喜欢结交文人雅士，拉拢人才。他这样做的目的非常明显，即为将来当政储备人才。兰陵宫是一个人才荟萃之地，因此，熊槐主动请求坐镇兰陵，名义上是震慑齐国，实际上则是为了结交兰陵宫中的读书人。

　　屈原虽然很有才学，但从未进入过政坛，自然不了解熊槐的心思。他为自己能受到太子的欣赏而欣喜不已。在众小厮的引领下，屈原意气风发地来到兰陵宫，拜见太子熊槐。

　　来到正宫门口，众人停了下来。一个小厮快步跨入宫殿，朗声禀报：

　　"启禀殿下，屈原公子到了。"

　　"快快有请！"一个青年男子的声音从殿中传来。

　　屈原不敢怠慢，快步上前，伏倒在地，恭敬地说道：

　　"屈原拜见太子殿下！"

　　坐在正中的青年男子立即起身，来到屈原身边，双手搀起他，大笑道：

　　"果然名不虚传！我早就听说屈公子不但文章精妙，还是一个美男子呢！今日一见，方知传言不虚啊！"

　　屈原抬起头，见面前的青年男子器宇轩昂，衣着华贵，心想：

　　"此人必是太子熊槐。"

　　熊槐拉着屈原的手，走向正中的座位，让他在自己身边坐下。屈原惶恐道：

　　"屈原何德何能，怎敢坐在殿下的身边！"

　　熊槐按了按屈原的肩膀，笑道：

　　"你我本是同宗，何必如此客气！快坐，快坐！"

　　屈原谢过太子，斜身坐下。随后，熊槐派人将兰陵宫中的文学侍从全部叫到大殿，为屈原接风洗尘。众人也不拘束，在殿上把酒言欢，谈些诗词歌赋，好不痛快！屈原见状，心下暗暗道：

　　"太子果然雅量，将来必定会是一个有为之君。不管如何，我都要好好辅佐他，壮我大楚国威！"

　　由于年代久远，现在已经无法得知屈原在兰陵宫的具体事迹了。根据屈原自己的诗词和一些历史典籍的记载推测，他在此期间应完成了人生中的两件大事：第一，屈原和熊槐建立了较为深厚的个人友谊；第二，在人才荟萃的兰陵宫中，屈原取长补短，进一步提升了自己的学识。而他的文学才华也得到了楚国王室的肯定，为将来入朝做官打下了坚实的基础。

据说，屈原在山里吟咏《离骚》时，鸟兽不语，草木不摇，甚至连山鬼也被他的爱国之情感动了。后人有诗写道："芳草写孤忠，一卷离骚山鬼哭！"

第五章　兰台任职

惟草木之零落兮，恐美人之迟暮。

——（战国）屈原

（一）

　　屈原在兰陵宫担任文学侍从期间，列国之间的关系也在发生着极其微妙的变化。秦国在秦惠文王的治理下，日益强盛，成为诸国中唯一的超级大国。与此同时，韩、赵、魏、燕诸国逐步衰落，只有齐国和楚国尚保有强大的经济和军事实力，可以与秦国一征雌雄。

　　当时，楚国与秦国交好，楚威王也不愿与秦惠文王为敌。那么，在剩下的几大诸侯国中，唯一可以和秦国争雄的就只有齐国了。齐、秦两国争霸，东西对峙，均努力争取盟国，以图击败对方。在此背景下，楚、韩、赵、魏、燕等诸国也不甘示弱，时而与齐国联合共同对抗秦国，时而又依附秦国而攻打齐国。大国间冲突加剧，外交活动也变得频繁起来。历史上著名的纵横家张仪、苏秦等人顺应时势，登上了政治舞台。

　　据相关史料记载，张仪和苏秦是同学，早年都跟随鬼谷子学习纵横之术。张仪学成后来到秦国，成为秦国客卿，建议秦国与东方各国结成连横联盟，予以各个击破；而苏秦则游走东方六国之间，主张东方六国结成合纵联盟，共同对抗秦国。

公元前329年之前，苏秦已经完成了游说赵、韩、魏、齐等国的任务，剩下的大国就只有楚国了。这一年，苏秦来到楚国，游说楚威王。他对楚威王说：

"楚国是天下最强大的国家之一，大王也是天下贤明的国王之一。楚国西边有黔中、巫郡，东边有夏州、海阳，南边有洞庭、苍梧，北边有径塞、郇阳，土地纵横5000余里（折合2500千米），军队百余万，战车千辆，战马万匹，存粮足够支用10年。这些都是建立霸业的资本啊。凭借着楚国的强大和大王的贤明，天下没有哪个国家能比得上。大王为什么要西向事秦呢？连强大的楚国都这样，其他诸侯又怎敢与秦国对抗呢？"

楚威王默默地看着苏秦，示意他继续说下去。苏秦见状，心里不由多了几分底气。他又说：

"秦国与楚国的力量此消彼长：楚国强大，秦国就弱小；秦国强大，楚国就弱小。从这种情势判断，两国根本不能并存。所以，我劝大王策划，不如合纵相亲，来孤立秦国。如果大王不采纳合纵政策，秦国一定会出动两支军队，一支从武关出击，一支直下黔中，那么鄢郢的局势就动摇了。"

接着，苏秦又向楚威王保证说：

"如果大王愿意听从我的建议，我能让各国向您奉献四时之礼，接受您英明的指教，把国家和社稷委托给您。届时，韩、魏、齐、燕、赵、卫等国动听的音乐和美丽的女子一定会充满您的后宫，燕、代等地所产的骆驼、良马一定会充满您的畜圈。也就是说，如果合纵成功，楚国就能称王；如果合纵不幸失败，而连衡成功了，秦国必将称帝。如今您要放弃称王称霸的功业，屈居人下，我私下认为大王这种做法不可取。"

楚威王被苏秦的一番话打动了。他沉默了半晌，颓然说道：

"寡人何尝不知道秦国的虎狼之心啊！楚国西边和秦国接壤，秦国有夺取巴蜀、并吞汉中的野心。秦国是一个像虎狼一样凶狠的国家，根本不能接近。不过，韩、魏也不可靠。他们经常遭受秦国的侵害，

国中定有不少秦国的奸细。如果和他们一起策划抗秦之事，恐怕会有叛逆之人将计划泄露给秦国。到时候，计划没有实施，韩、魏就要面临亡国的危险了。我想，如果楚国和秦国对抗的话，并不一定能取得胜利。况且，寡人遍观朝野，可以信赖的有才之臣又非常少。所以，我经常吃不香睡不着，心神恍惚，就好比挂在空中的旗子一样，始终没个着落。既然先生有团结诸侯、稳固天下的妙计，寡人愿意把国家托付给您，听从您的安排！"

大约在公元前329年，苏秦凭借着三寸不烂之舌，成功地完成了合纵大计，使东方六国结成同盟关系，秦国一度不敢窥伺函谷关以外的国家。如此一来，东方六国内部又产生了裂隙，纷争不断。

（二）

公元前329年末，楚威王病逝，太子熊槐继位，是为楚怀王。继位初期，楚怀王励精图治，一心想要恢复楚国的霸主地位。他登基后做的第一件事就是广征人才，让众多人才入朝为官。既然要广征人才，自然少不了屈原。

这一年年末，屈原奉命前往郢都（今湖北省江陵县附近）兰台任职。兰台并不是官职，而是朝廷藏书之地，集图书馆、档案馆、文化馆和参谋机关于一体。由于年代久远，现在已无法知道楚怀王给了屈原一个什么职务。根据当时政坛的情况推测，可能是一个兼有图书管理员、档案管理员和参谋等数职的职务。

接到任命后，屈原立即整理行装，往郢都而去。按照惯例，国君征召臣子入朝，要派使者前去迎接。途经之处，各地官员要好生招待。然而，屈原不愿惊动太多人，他宁愿独自上路。

秭归至今还流传着屈原进京的传说。据说，他独自挑着书简，颤巍巍地走在山间小道上，累了就靠在大树下休息一会儿，渴了就到山涧里喝一口泉水，饿了就吃一点自带的干粮。

一天傍晚，屈原正在赶路，突然被一条小溪挡住了。小溪不宽，只要用力一跨就能过去。屈原挑着书简，抬起左脚，用力向前一跨，不料用力太猛，脚下又滑，担子猛然晃荡起来。屈原好不容易才重新找到平衡点，没有摔倒。

屈原笑了笑，小声嘀咕道：

"好险，好险！"

突然，只听"咔嚓"一声，竹简"哗啦啦"散了一地。屈原急忙把书简拢在一起，以防被水冲走。他看着散了一地的书简，又看看断为两截的挑绳，无可奈何地叹了口气，喃喃说道：

"这可如何是好！此地前不着村后不着店，到哪里去找挑绳呢？"

就在这时，屈原看见一个老农牵着耕牛从远处走来。老农边走边唱着山歌，那歌声十分清越，仿佛是从天上传下来的声音。

老农走到屈原面前，见他面庞清秀，皮肤白皙，不像是农家子弟，便问道：

"公子从何处来？要到哪里去？为何在此停留？"

屈原起身施礼道：

"晚辈屈原，从乐平里来，要到郢都去……"

屈原的话还没说完，老农就惊愕道："原来是屈原公子！老朽虽是山野村夫，但也早已听闻公子的大名。想必是大王召公子进京为官吧！"

屈原答道：

"正是。先王英年早逝，大王初即位，内政不稳，外交紊乱，正是用人之际。"

老农笑道：

"老朽不懂那些国家大事，只希望楚国能越来越强，百姓都过上好日子。"

屈原缓缓说道：

"这是楚国人共同的愿望啊！"

老农又问道：

"要看着天就要黑了，公子不快些赶路，干嘛在这里唉声叹气呢？"

屈原指着散落一地的书简，愁眉不展地说：

"适才不小心弄断了挑绳，把书简散了一地。"

老农笑道：

"原来如此！公子莫慌，老朽自有办法。"

屈原不解地问：

"这荒郊野外，老丈有何办法？"

老农指着牛背上的绹绳说：

"老朽正要去犁田，备着绹绳呢！"

绹绳又叫撇绳，是古代田时专用的一种绳具，长可数丈，两端系在耕牛的鼻栓上，双股平行后拖，系于犁杖的后把上。这样，扶犁者便可通过这绹绳控制牲畜前进的方向，使其不致偏离。

屈原虽然没有亲自扶过犁，但也知道这绹绳的重要性，因此慌忙阻止道：

"这可使不得，用了老丈的绹绳，老丈还怎么犁田呀？"

老者笑道：

"公子进京上任，辅佐大王，比我犁田重要。"

不管老农怎么说，屈原都一个劲地拒绝道：

"使不得，使不得。"

老农捋了捋胡子，说道：

"我们不妨让耕牛自己决定吧！如果它愿意把绹绳献给公子，公子就接受；如果它不愿，老朽也不再多言。"

屈原纳闷地问道：

"耕牛又不通人性，怎么能决定这样的事情呢？"

老朽笑而不答，只是扬手拍了拍耕牛的脖子，轻声道：

"老牛啊老牛，屈公子要进京去给我们穷人办事，可是他捆书简的绳子断了，没法前行。我想取下你的绹来献给公子，好不好？你若是答应，就连叫三声。"

说来也怪，老农的话音刚落，那耕牛就"哞——哞——哞——"地叫了三声，一声不多，一声也不少。老农见状，笑着对屈原说：

"你听，老牛都答应了，你还推辞什么呢？"

屈原还是不肯接受。突然，耕牛低下头，左一甩，右一摆，把背上的绹绳摇了下来，然后又衔起绹绳，送到屈原手边。

屈原接过牛绹，心里又惊又喜，不知道该说什么才好。只见耕牛又仰起头，"哞——"的一声长叫，似乎在呼唤同伴。过了一会儿，近百头耕牛衔着绹绳从四面八方跑来。老农数了数，共有99头牛。它们排着队，来到屈原面前，将衔着的绹绳丢在他脚下。

屈原激动得热泪盈眶，连声道：

"这怎么好呢？这怎么好呢？牛无缰不能牵，牛无绹难耕田，这可如何是好呢？"

老农笑道：

"公子尽管放心，既然这些畜生把缰与绹献给您，往后不用缰与绹，它们也一样会听使唤的。"

说着，老农对耕牛们喊道：

"你们将缰与绹献给了屈公子，往后拉车、耕田、推磨，要像有缰绹一样听使唤！"

耕牛们似乎听懂了老农的话，齐声叫了起来。屈原就用这些耕牛献的缰与绹，把书简、行李捆绑得扎扎实实，重新上路了。

这就是"灵牛献绹"的传说。据说，从那以后，秭归一带的耕牛无论耕田还是拉车，真的不再用绹绳了。

（三）

经过数十天的长途跋涉，屈原终于来到楚国的都城郢。郢都是当时世界上最大、最繁华的城市之一。街道上整日车水马龙，人来人往，其中有本国的达官贵人，也有他国的使者和富商巨贾。不过，屈原并不理会这些，他一心想要早点见到楚怀王，为其献策献计，好使楚国早日强大起来。

不光屈原急着见楚怀王，楚怀王也急着见屈原。一方面，楚怀王刚刚登基，还没有立稳脚跟，他也盼望屈原能给自己提一些建设性的意见，巩固楚国的政权；另一方面，楚怀王和屈原的私交也不错，想和他叙叙旧。

进城之后，屈原停下脚步，想打听一下去王宫怎么走。但他还没开口，就有许多人围了上来。人们见他长得风流倜傥，一表人才，纷纷问道：

"公子是哪里人？来郢都做什么？"

屈原向众人拱了拱手，很有礼貌地回答了这些问题。几个年轻的姑娘听说屈原不知道去王宫的路，都自告奋勇地说：

"如若公子不嫌弃，我们愿意给你指路。"

屈原赶忙施礼道：

"有劳，有劳！"

一个年轻的姑娘指着屈原的包裹，对一个身强力壮的小伙子说：

"愣着干什么，还不去帮公子挑着。"

小伙子爽朗地笑了笑，挑起屈原的包裹就迈开大步，向前走去。屈原在几个姑娘的簇拥下，跟在小伙子的后面，步伐矫健而不失读书人的风度，向前走去。

屈原一行走着走着，忽然几个青年男子挡住了他们的去路。为首的一名男子恶狠狠地质问屈原道：

"你是什么人？竟敢跑到我郢都来！"

屈原见状，忙低声问身边的一个姑娘道：

"这些人是谁？为何如此无赖？"

姑娘小声回答说：

"他们是上官大夫的家奴，仗着主子的势力到处欺男霸女，横行无忌。"

屈原知道，姑娘口中的上官大夫就是楚怀王的幼子子兰（亦有历史

学家认为，这个上官大夫其实是后来陷害屈原的靳尚）。楚怀王继位后，立即封其幼子子兰为上官邑（今河南省滑县东南）的大夫。子兰及其子孙遂以邑名为姓，称上官氏。

由于深受楚怀王的宠爱，子兰虽然只是一个小小的大夫，却权倾朝野，炙手可热。他的奴仆也狐假虎威，在外面横行霸道，作恶多端。

了解了这些人的底细后，屈原来到众人面前，缓缓说道：

"在下屈原，奉大王之命前来郢都任职。各位既然是上官大夫的家奴，就要为大夫的声誉着想，怎能在此嬉闹呢？"

众人一听，眼前这个看上去弱不禁风的书生竟然是大名鼎鼎的屈原，顿时收敛起了刚才的嚣张气焰，陪笑道：

"我等不认识屈公子，多有得罪，还请见谅！"

众人散去之后，屈原才又来到王宫。按理说，事情到此就应该结束了，但事实远非如此。上官大夫的家奴回去后，立即向他们的主人告状说：

"那个屈原实在太可恶了，刚到郢都就欺负我们，这不是成心与大人过不去吗？"

上官大夫沉默半响，挥了挥手，让众人退出去。他虽然没说话，但已经把素未谋面的屈原当成了对手。可以说，和上官大夫结仇是屈原一生悲剧的开始。

（四）

屈原在王宫受到了楚怀王的亲切接待，君臣二人像是阔别多年的老友，回忆着往昔的种种，聊得很开心。傍晚时分，楚怀王屏退左右，来到屈原面前，低声说道：

"今夜只有你我二人，就让我们废除一切君臣之礼，相对而坐，促膝而谈吧。爱卿意下如何？"

屈原受宠若惊，慌忙回答：

"一切听从大王的安排！"

楚怀王拉着屈原的手，转入后殿。后殿布置得十分素雅，少了几分王室的威严，多了一些家庭气息。楚怀王坐定，又让屈原在自己对面坐下，缓缓说道：

"爱卿与寡人本是同宗，在后殿就不必拘泥于君臣之礼了。"

屈原赶忙施礼，朗声道：

"多谢大王！"

楚怀王从几上拿起一个橘子，一边剥，一边说：

"寡人做太子时，就读过爱卿的《橘颂》。爱卿喜欢南国的橘树，寡人也喜欢，因为它的身上有我楚人热爱乡土、坚贞不移的高贵品质。"

屈原会心地笑了。在这个世上，还有什么事能比得到一个知己更幸福呢？更何况，这位知己还是自己打算终生辅佐的一国之君。他情不自禁地站了起来，向楚怀王深鞠一躬，说道：

"多谢大王赏识。臣一定会像橘树一样，固守楚国之疆土，矢志不移。"

楚怀王将手中的橘子掰开，递一半给屈原，微笑着说道：

"屈爱卿，有橘在几，我们何不品橘而言志呢？"

屈原接过橘子，慢慢品尝起来。过了一会儿，楚怀王突然皱起眉头，叹气道：

"寡人初即位，内政不稳，外患不绝，真是夙夜忧叹啊！爱卿可有什么好的治国之道教给寡人？"

屈原见楚怀王如此器重自己，便敞开心扉，尽情倾吐起来。他本来就娴于辞令，加之有充分的准备，一旦开言就犹如高山飞瀑，一泻千丈；又如决堤洪水，滚滚滔滔……

屈原从天下大势说到楚国的内政，从古代的贤明之主说到当代的国君，最后又回到苏秦的连横之策上。楚怀王听了这些鞭辟入里的分析，一个劲儿地点头称是。

说到兴起，屈原不由地站起来，望着窗外，说：

"数百年来，天下诸侯已经灭亡过半，只剩下十余个大国。大国之间也互相攻伐，企图独霸天下。在这种背景下，想要保住自己的国家并不是一件容易的事。"

楚怀王也站了起来，走到屈原身边，长叹道：

"爱卿所言极是。那么，寡人要怎么做才能保住楚国，振兴楚国呢？"

屈原缓缓说道：

"八个字：领导六国，合纵抗秦！"

楚怀王无奈地笑了笑，说道：

"领导六国？这谈何容易啊！六国之间看似团结一致，其实各有各的打算，怎么领导他们抗秦呢？"

屈原回答说：

"遣使游说，陈明利弊。"

君臣二人一问一答，聊着聊着不觉忘了时间。直到夜半时分，楚怀王才意识到，天色已晚，他和屈原都还没有用膳。楚怀王尴尬地笑了笑，说：

"寡人只顾和爱卿谈论国家大事，竟忘了你还没有用膳。寡人这就吩咐下去，让他们把晚膳送到后殿来，你我一同用餐。"

屈原也不推辞。过了一会儿，宫人就把晚膳送来了。晚膳很简单，无酒、无肉，更无歌舞助兴，但君臣二人却吃得有滋有味，既香且甜……

第六章　怀王赏识

日月忽其不淹兮，春与秋其代序。

——（战国）屈原

（一）

楚怀王和屈原畅谈了一夜。屈原告别时，楚怀王拉着他的手，叹息道：

"爱卿才高八斗，学富五车，寡人理应重用。不过，寡人刚刚继位，暂时还不能给你太高的职务，你先到兰台任职去吧！"

屈原明白，楚怀王所说的的确是事实。春秋中期后，中原最为强大的诸侯国晋国就以"尽灭群公子""灭公族"等手段打击宗室的势力，加强国君的权力。然而，楚国却在这个时候开始任用公子（即国君之子或兄弟）执政。公子执政初期，由于血缘关系等原因，楚国的王权确实得到了一定程度的加强。

然而，这种任人唯亲的落后制度还没有实行多长时间，楚国就出现了王权旁落的局面。楚声王熊当（？—前402年，公元前407　前402年在位）在位时期，由于旧贵族的势力太大，各自为政，致使楚国社会动荡不安，国事积弊日深。

公元前402年，楚声王出巡时竟被一帮盗贼所杀。楚声王被盗而杀说明了两个问题：第一，楚声王昏庸无能；第二，楚国国君手中没有权力，连自己的安全都保证不了。

楚声王死后，其子熊疑继位，是为楚悼王（？—前381年，公元前401—前381年在位）。楚悼王继位为君时，楚国的国内外形势一片黯淡。国内方面，旧贵族的势力太大，严重削弱了王权；国外方面，从晋国分裂出来的韩、赵、魏等国日益强大，时时威胁着楚国的北部边疆。

公元前400年，即楚悼王继位的第三年，三晋联军败楚师于乘丘（今山东省巨野县西南）。公元前391年，三晋联军又大败楚师于大梁（今河南省开封西北，本属郑国，被楚国所占）、榆关（今河南省新郑东北）。在三晋的联合打击下，楚国接连丧城失地，无法招架。

无奈之下，楚悼王只好"厚赂于秦"，请求秦国援助。当时的秦国还算不上什么大国，但早有东扩之心。他们遂趁着三晋和楚国火并之际，出兵攻占了韩国与秦国接壤的六座城池。三晋惊慌失措，立即调转矛头，对付秦国，楚国也因此获得了喘息之机。

实事求是地说，楚悼王是一个很有抱负的君主。他很想摆脱当前的困境，但却不知该从何处下手。更令他伤脑筋的是，朝中大臣也没有一个人能够替他分忧。公族中的屈、景、昭三大家族欺压老百姓有办法，但在治理国家、抵御外侮方面却提不出一点建议。

就在楚悼王快要绝望之时，吴起来到楚国。吴起本是卫国人，家境殷实，生活幸福。长大后，吴起突然意识到，自己不能这样碌碌无为地过一辈子。于是，他便散尽家财，奔走于列国之间，希望得到诸侯的重用。不料，他奔走多年都一无所获，反而弄得一贫如洗。

回到家乡后，吴起立即遭到了乡邻们的讥笑。无论他走到哪里，总有人指着他的背影教育自己的孩子说：

"看，那个人就是吴起。你千万不要像他一样，不学无术，只会耍嘴皮子。"

开始时，吴起还能忍受这些流言蜚语。但时间一长，他也有些受不了了。一天，又有人拿他做反面教材教育孩子。吴起一气之下，把那个人杀了。

吴起知道，自己杀了人，再也没办法在卫国待了，必须火速逃到他国。临行前，他对母亲说：

"孩儿不孝，不能侍奉您了。不过请您放心，孩儿这一去定会成就大业。如若我不做上卿、相一级的大官，决不返回家园。"

母亲泪流满面地说：

"孩子，快逃吧！都到了这个时候，也别想着什么荣华富贵了，保命要紧！"

离乡后，吴起历尽千辛万苦，辗转来到鲁国，拜当时著名的学者曾子为师，攻读儒学。不久，他的母亲去世了。俗话说，"百善孝为先"，大丈夫立于天地间可以默默无闻，平凡一生，但却不能做出不忠不孝之事。

曾子对吴起说：

"你快回去吧，把母亲送下地，为她守孝三年。"

吴起沉默了。想起离乡前对母亲立下的誓言，再想想自己目前的处境，吴起羞愧极了。他暗暗决定，既然无言面对母亲的灵位，那就等到功成名就的时候再回去吧！

曾子生气了，怒斥吴起为不忠不孝之徒，将其逐出师门。

（二）

离开曾子后，吴起隐居乡间，一心攻读兵书，研究韬略。很快，他就成为鲁国最为著名的军事家之一。然而，由于背上了不忠不孝的罪名，鲁国国君不肯重用他。

有一年，齐国大举入侵鲁国。鲁国是一个小国，无论是经济实力，还是军事实力，都无法和齐国抗衡。鲁国国君立即召集众臣，商议御敌之策。然而，朝中竟然没有一人愿意领兵出征。国君急得像热锅上的蚂蚁一样，一点办法也没有。

在万般无奈之下，国君只好命吴起为统帅，领兵迎敌。在这场战争

中，吴起指挥得当，以少胜多，大破齐军。然而，吴起非但没有受到表彰，反而遭到鲁国贵族的疑忌和排斥。他们纷纷对国君说：

"鲁国是个小国，打了胜仗，出了名，其他诸侯国就会一起来攻打我们。到时候，鲁国就大难临头了！"

昏庸的鲁国国君竟然听信谗言，赶走了吴起。吴起听说魏文侯（？—前396年，公元前445—前396年在位）很贤明，正在任用李悝实行变法，便前去投靠魏国。

吴起到了魏国后，魏文侯并没有立即接见他，而是问李悝：

"吴起这个人怎么样？"

李悝回答说：

"吴起很会用兵打仗，即使齐国名将司马穰苴再世，也不能超过他。"

魏文侯大喜，立即任命吴起为大将。吴起为将，治军有方，"爱兵如子"。他能与士卒同甘共苦，穿一样的衣服，吃一样的饭菜；行军时不坐车，与士卒一样背着行装和军粮；宿营时也跟士卒一样不铺席子。

有一次，吴起领兵攻打中山国。途中，他发现了一个士兵生了毒疮，就亲自用嘴替这个士卒将脓吸吮出来。这个士卒的母亲听到这个消息后，不禁痛哭起来。有人问她：

"吴将军亲自为你的儿子吮出脓血，你不高兴也就罢了，为什么如此悲伤呢？"

这位母亲抽泣着回答说：

"从前我的丈夫生了毒疮，吴将军替他吮出脓血。病好后，他就英勇地战死在疆场了。现在吴将军又亲自为我的儿子吸吮毒疮，我的儿子受此大恩，也必然会以死相报。我哭是因为我现在不知道他将战死何地啊！"

吴起不但爱兵如子，而且用兵有道。有一次，他只用5万人就打败了50万秦军，连破秦国5座城池。从此之后，吴起的大名传遍列国，令人闻风丧胆。

公元前396年，魏文侯去世，其子魏击继位，是为魏武侯（？—前

370年，公元前395—前370年在位）。魏武侯的军事才能与其父魏文侯不相上下，但在用人方面却逊色得多。他继位不久就听信谗言，怀疑吴起有谋反之意。

吴起无奈，只得出走楚国。楚悼王闻知吴起离魏奔楚，高兴极了。不久，他就任命吴起为令尹（即相国），实施变法。楚悼王当朝宣布：

"令尹的命令就是我的命令，敢违抗者，杀无赦！"

吴起非常感激悼王的知遇之恩，决心充分施展抱负，报效楚国。他根据楚国的时弊，开始了大刀阔斧的改革。首先，他制定了"减爵禄之令"等一系列法令，削弱旧贵族的权势，加强王权；其次，他整顿吏治，也即史书所载的"明法审令"；其三，他积极开发边远地区；其四，他改革军制，"要在强兵"。

与此同时，吴起还极力奖励耕战。史书载，"禁游客之民，精耕战之士"，也就是禁止士民脱离农耕和行伍，鼓励士民努力耕种，储积粮食。如此一来，不仅解决了军队的粮食供应问题，还改善了士民及其家属的生活，从而解除了士卒的后顾之忧。

（三）

在吴起的努力下，楚国迅速摆脱了积贫积弱的状态，步入了大国之列。公元前381年，魏国联合卫、齐等国大举入侵赵国。楚悼王应赵国之邀，命吴起为将，统兵救赵。吴起仔细分析了当时的战局后提出，与其直接赴赵作战，不如趁魏国国内空虚，直接攻打魏国的都城。结果，楚军势如破竹，大败魏军，一直打到黄河边。

赵军也趁势反击，占领了魏国的棘蒲等地。卫军成了缩头乌龟，齐军则跑回了老家。这一仗打出了楚军的威风，不仅收复了北方原陈（今河南省淮阳县）、蔡（今河南省上蔡县一带）等被三晋占去的土地，还占领了卫国的一些土地。此战结束后，赵国不再参与魏、韩伐楚，三晋联盟由此瓦解。

然而，由于他的变法触犯了旧贵族的利益，不可避免地遭到了剧烈的反对。只是由于楚悼王的坚持，贵族们才不敢打吴起的主意。不幸的是，楚悼王在楚军大获全胜之时突然病逝，吴起只得从前线赶回都城，进宫料理悼王的后事。

旧贵族屈宜臼、阳城君等人认为复仇的时机已经到了，迅速纠集在一起。他们借到王宫参加楚悼王的丧礼之机，丧心病狂地向吴起发起了突然袭击。吴起情知自己性命难保，急中生智，临死卧伏王尸，并大喊"群臣乱王"。

疯狂的旧贵族们仍未停息，继续射杀吴起。乱箭射中吴起，同时也射中了王尸。贵族们杀了吴起，犹不解恨，又把他的尸体拖到宫外肢解。吴起死后，楚国的旧贵族又重新掌控了国家大权，他所颁布的新法也全部被废除了。

到了楚怀王时代，秦、魏等诸侯国皆设有客卿之职，接纳他国的杰出人才，唯独楚国没有。也就是说，楚国的一切军政大权都掌握在公族的手中。因此，楚怀王虽然有心重用屈原，但却无力说服朝中的大臣。令尹子椒（亦有历史学家认为，这个子椒与子兰其实是一个人）、上官大夫子兰、大夫靳尚等人，在屈原到郢都之前就曾向楚怀王进言，要求他不得重用屈原。

他们的理由倒也冠冕堂皇，说什么一个败落贵族子弟，无名无位，骤然擢任朝中要职，恐文武大臣心中不服，引起朝野波动。不如先给他一个虚职，一则试其能，二则锻炼他的才智。如果屈原果真有经天纬地之才，再委以重任也不迟。

正是在这种背景下，屈原到兰台走马上任了。兰台的任务虽然不重，但屈原却一点也不敢怠慢。上任不久，他就到全国各地去漫游两月有余，观民俗，察民情，采民风，访民疾苦。为了广泛接触民众，百姓能吐露真情，屈原不断改变着自己的身份。有时，他是沿街乞讨的叫花子；有时，他是肩挑货担叫卖的小贩；有时，他又是过路的客商……

这是跋涉奔波的两个月，栉风沐雨的两个月，吃苦受辱的两个月，

同时也是满载而归、收获丰硕的两个月。在这两个月里，他不但进一步了解了楚国的国情，也收集了大量的民间文学。这些收获不但奠定了他日后实施改革、拟定《宪令》的重要根据，也为其文学创作提供了丰富的素材。

（四）

回到郢都后，屈原立即根据漫游的所见所闻，写了一篇详细的报告，上呈楚怀王。楚怀王大喜，以为找到了提拔重用屈原的依据。然而，事情并没有他想得那么简单。

当时，楚威王逝世尚不足一年，楚国仍在国丧期间。自楚怀王以降，所有的文武大臣都要在处理公务之余为楚威王守丧。如此一来，国防必定会有所松懈。魏惠王鬼使神差地决定背盟攻打楚国。然而，魏国又担心秦国趁机攻打魏国的后方，于是魏惠王遣使入秦，许诺战胜楚国后将河西地区上郡（今陕西省北部）献给秦国，以换取秦惠文王的支持。

身为秦国客卿的张仪趁机向秦惠文王进言说：

"这是一个千载难逢的好机会。如果魏国取胜，秦国可得到魏国所献的上郡；如果不胜，秦国可乘其失败攻取上郡。"

秦惠文王闻言大喜，立即同意了张仪的建议，征调驻在皮氏（今山西省河津县西）的军队万余人，战车百余辆，协助魏国打楚。这个时候，身为秦国大良造的公孙衍不同意了，因为公孙衍一直看不起张仪，认为他只不过是一个穷小子，根本没什么才能。张仪也看不惯公孙衍的行事作风。因此，两人一直水火不容。

张仪被秦惠文王任命为客卿之时，公孙衍就产生了去秦入魏的想法。如今，他见张仪日益受到重用，而自己这个大良造却形同虚设，心里很不是滋味。当晚，他就离开了秦国，赶去见魏惠王。

公孙衍本是魏国人，曾任魏国的犀首之职（可能是职位不高的武将）。后来，他离开魏国，前往秦国发展。公元前333年，秦惠文王继位为秦国国君，公孙衍也在此时被任命为秦国的大良造。据史书记载，公孙衍颇有能力，上任不久就指挥秦军大败魏军，夺取了河西大部分地区。

公孙衍回到故国后，立即被魏惠王授以上将之职，率兵攻打楚国。有关资料表明，魏军这一仗打得很轻松。毫无防备的楚军甚至还没有来得及集结，就被汹涌而至的魏军击溃了。此战过后，魏军牢牢控制了陉山（今河南省漯河东）、丹阳，楚国的北部边境线向南缩了百余里。

丹阳是楚国的故都，无论是战略地位还是政治意义都十分重大。由此可以推测，丹阳的丢失对楚国的震动有多大。惊慌不已的楚怀王立即调兵遣将，前去抵挡秦魏联军的攻势。

公元前328年，郢都上空笼罩着一层失败的阴影。屈原走在大街上，总能听到人们对时局的各种议论。有一天，他听到几个老者低声议论说：

"听说，故都丹阳已经丢失了。秦魏联军一路势如破竹，马上就要打到郢都来了。"

屈原慢慢踱到众人面前，和蔼地说：

"几位老丈多虑了。陉山和丹阳确实已经在魏国的控制之下，但这并不代表秦魏联军能打到郢都。魏军之所以能够攻占陉山和丹阳，完全是因为他们背信弃义，趁我举国哀悼先王之际大举入侵。如今，大王已经调集数十万精兵前去迎敌。我相信，战局很快就会稳定下来。"

一名老者看了看屈原，诧异地说：

"屈公子有所不知啊！魏国并不可怕，可怕是秦国给他撑腰啊！"

"哈哈，老丈多虑了。"屈原笑着分析说，"秦魏两国的联盟关系并不稳固。秦国之所以出兵帮助魏国攻打我楚国，主要是因为魏王许诺将上郡15个县献给秦国。我想，得到了甜头的魏王未必会如此轻易地把上郡让出去。你们就等着秦魏翻脸的消息吧！"

　　不久，屈原就听说秦国设置了相国一职，张仪成为秦国第一任相国。刚一上任，张仪就向秦惠文王提出了他的连横战略，主张联合楚、齐等大国，分步对韩、赵、魏等国用兵，扩展秦国的疆土，增加秦国的人口。为此，秦、魏两国的关系骤然紧张起来。这样一来，他们对楚国的攻势自然也就瓦解了。

　　在随后的一段时间里，秦惠文王采用了张仪的策略，对魏国采取攻打与拉拢相结合的策略，迫使魏国割让了上郡15个县。至此，秦国全部占有黄河天险，商鞅"据（黄）河（崤）山之固，东向以制诸侯"的战略构想基本实现。

据说，屈原在湘江流域流浪时，曾遇猛虎。屈原向老虎深深一躬，说道："我乃三闾大夫屈原，路经宝山，惊扰了虎大王，请你见谅！"老虎似乎听懂了屈原的话。它低着头，围着屈原走了一圈，然后转身离去了。

第七章 张仪欺楚

吾令凤鸟飞腾兮，继之以日夜。

——（战国）屈原

（一）

秦魏联盟瓦解之后，楚国暂时获得了安宁，楚怀王也开始重新审视楚国与各诸侯国的关系。他发现，苏秦所提倡的合纵联盟似乎不能保住楚国，因为所有的联盟关系都是以信守承诺为前提的。然而，东方六国各有各的利益，且都想称霸中原，根本不可能和邻国保持长久的和平。也就是说，合纵联盟缺乏必要的前提条件。

屈原是合纵联盟的有力支持者。难道他不明白东方六国之间的这种错综复杂的关系吗？当然不是。对东方六国的勾心斗角，乃至兵戎相见，他都十分清楚。只不过在当时的历史条件下，东方六国只有结成合纵联盟才有可能保住自己的国家。

不过，包括楚怀王在内的东方六国君主，似乎都没有长远地看待这一问题。也有可能，他们过高地估计了自己的实力，认为完全可以通过自身的努力使国家迅速富强起来，从而达到单独对抗秦国的目的。

或许正由于政见的不同，楚怀王暂时放弃了提拔屈原的打算。由于史书没有记载，现在已无法知道屈原在这段时间里都做了什么事。他可能一直默默无闻地在兰台任职，也有可能被楚怀王调到了别处。

秭归一带民间至今流传着屈原弹压鄂渚（大致在今湖北省武汉市黄鹄山上游）贵族争斗的故事。在故事中，屈原的身份是鄂渚县丞。由此可知，屈原在这一段时间里很可能被楚怀王调离了郢都。

转眼时间就到了公元前323年。经过几年的发展，楚国的国力恢复了不少。于是楚怀王决定派柱国昭阳领兵伐魏，一雪前耻。

昭阳有勇有谋，很会用兵。在他的指挥下，楚军势如破竹，大败魏军，接连占领了8座城池。楚怀王大喜，又令昭阳以得胜之师攻打齐国。齐威王闻讯大惊，立即召集群臣，商议对策。

群臣在殿上面面相觑，谁也想不出对付强大楚军的办法。这时，一个叫陈轸的书生站了出来。和张仪、苏秦等人一样，陈轸也是当时有名的辩士。他对齐威王说：

"昭阳勇猛，攻无不克，战无不胜。敢问大王，齐国之中哪位大将可以和他相提并论？"

齐威王想了想，摇头说：

"没有。"

陈轸又问：

"既然如此，大王认为，齐军能否打败楚军？"

齐威王略一沉思，惭愧地说：

"齐军不是楚军的对手。"

陈轸笑道：

"既然如此，讨论御兵之计又有什么价值呢？"

齐威王怒道：

"照先生这样说，难道寡人除了出城投降，就别无他路了吗？"

陈轸缓缓说道：

"大王息怒，且听我一言。昭阳虽然勇猛，但毕竟只是一介武夫。齐国虽然没有能与之抗衡的武将，但却有很多可以击败他的文臣。"

齐威王一听，马上转怒为喜，问道：

"难道先生已经有了退敌之计？"

陈轸信心满满地回答说：

"臣有一计，虽然不能打败楚军，但却可以保齐安然无恙。如大王不弃，请让臣前往前线去见一见昭阳。"

齐威王大喜，立即重赏陈轸，让其作为齐国的代表出使楚营。

（二）

就在昭阳准备大举入侵齐国之时，陈轸来到楚营。昭阳听说陈轸来了，笑着对左右说：

"陈轸一定是为齐国当说客来了，看我怎么收拾他！"

陈轸刚到中军大帐，昭阳就指着他的鼻子斥责道：

"本将军奉命攻打齐国，你怎么敢替齐王来当说客？"

陈轸再拜说：

"将军误会了。陈轸并不是来替齐王当说客的，而是来祝贺将军的。"

昭阳问道：

"有什么好祝贺的？"

陈轸说：

"将军打了胜仗，回国后必定会受到楚王的封赏。"

昭阳笑道：

"这是自然！"

陈轸问道：

"按照楚国的制度，灭敌杀将能封什么官爵禄位？"

昭阳答道：

"官至上柱国，爵为上执。"

陈轸又问：

"比这更尊贵的职位是什么呢？"

昭阳回答说：

"那只有令尹了。"

陈轸趁机道：

"令尹的确是最显贵的官职，但楚王却不可能设两个令尹。我愿意替将军打个比方。楚国有个贵族祭过祖先，把一壶酒赐给门客，门客相顾商议：'这酒，几个人喝不够，一个人享用却有余，让我们各在地上画一条蛇，先画成的请饮此酒。'有个门客率先完成，取过酒杯准备先喝，就左手持杯，右手又在地上画了起来，并说：'我还可以为蛇添上足呢。'蛇足尚未画完，另一门客的蛇也画好了，于是夺过他手中的酒杯，说：'蛇本无脚，你怎能给它硬添上脚呢？'说完便喝了那酒。而画蛇脚的最终没有喝到酒。"

昭阳听了这个故事，沉默半晌，问道：

"这和本将军有什么关系呢？"

陈轸分析道：

"关系很大。将军率部攻打魏国，破军杀将，连夺8座城池，兵锋不减之际，又移师向齐，齐人震恐，凭这些，将军足以立身扬名了。如今，将军已经是楚国的上柱国了，在往上就只有令尹和楚王了。将军战无不胜，但如果不懂得适可而止，最终只会招致杀身之祸，该得的官爵将不为将军所有，正如画蛇添足一样啊！"

昭阳想了想，觉得陈轸说得很有道理，就听从他的建议，随便找个借口，撤兵回国了。此后，齐国、魏国相继派出使者，与楚国修好，再次结成合纵联盟，共同对抗秦国。

秦惠文王见东方六国又重新建立了合纵联盟，十分着急。张仪见状，关切地问：

"大王为何寝食不安？是不是因为东方六国结盟之事？"

秦惠文王叹了口气，回答说：

"知我者，相国也！"

张仪笑着说：

"食君之禄，忠君之事。承蒙大王看得起，我张仪才有今天，怎能不用心辅佐大王呢？"

秦惠文王叹了口气，说道：

"东方六国之中，除了楚国之外，就属齐国最强大了。多年来，齐国屡次坏我大计，寡人早就想讨伐它了。然而，如今齐楚联盟，寡人也是有心无力啊！"

张仪笑道：

"这有何难？张仪愿替大王到楚国去一趟，拆散他们的联盟。"

秦惠文王一听大喜，忙说：

"看来相国早已成竹在胸了。既然如此，那就有劳相国替寡人走一趟吧！"

数月后，张仪来到楚国郢都求见楚怀王。楚怀王听说张仪来了，赶紧命人腾出最好的驿馆，准备接见他。过了一会儿，他觉得这样还不够，又亲自到驿馆安排张仪的食宿。屈原、子兰、子椒、靳尚等人纷纷进言道：

"秦国虽然是大国，我们理应好好接待张仪。但大王如此殷勤，是不是有点太过了？难道您就如此害怕秦国吗？"

楚怀王回答说：

"寡人这样做并不是因为害怕秦国，而是因为寡人仰慕张仪的风范啊！"

（三）

张仪抵达楚国的第一天，楚怀王就迫不及待地接见了他。楚怀王谦虚地说：

"楚国是一个偏僻鄙陋的国家，今天却因相国的到来而格外引人注目。相国此来有什么可以教给寡人的呢？"

张仪深鞠一躬，努力做出一副恭敬的样子，缓缓说道：

"楚国地大物博，国富兵强，怎么能说是偏僻之国呢？大王这样说，实在是太谦虚了！"

楚怀王虽然明知道张仪在恭维自己，但听了这话，心里依然很高兴。他站起来，举杯走到张仪的面前，微笑着说道：

"都说相国有一条三寸不烂之舌，今日一见，果然名不虚传！来，寡人敬你一杯！"

张仪也不推辞，端起面前的酒杯，一饮而尽。

楚怀王环视大殿一周，高兴地对群臣说：

"相国已经干了，诸位爱卿随寡人一起，满饮此杯。"

众臣纷纷应和。酒过三巡后，楚怀王才问张仪：

"相国对天下形势有什么看法？"

张仪答道：

"列国纷争，强者愈强，弱者愈弱。"

楚怀王又问：

"那么，寡人要怎样做才能使楚国立于不败之地呢？"

张仪毫不犹豫地答道：

"与秦国结为兄弟之国，灭掉韩、赵、魏、燕、齐等诸侯国，平分天下。"

楚怀王听了张仪的这番话，顿时心花怒放。与秦国平分天下，这个诱惑实在太大了。楚怀王尽量克制住内心的激动情绪，做出一副平静的样子，缓缓说道：

"秦国乃是虎狼之国，相国让寡人如何相信虎狼的诚意呢？"

张仪离开座位，高声道：

"世界上最不可靠的就是诚意。敢问大王，韩、赵、魏等国与楚国

结成合纵联盟应该说是诚意十足吧！然而，他们不照样趁着楚国国丧之际出兵来犯吗？"

楚怀王被张仪问得哑口无言。张仪见状，又趁机说道：

"诚意是建立在利益和实力基础之上的。韩、赵、魏等国之所以愿意和楚国结成合纵联盟，主要是因为这些诸侯国谁也无法单独对抗强大的秦国。换句话说，这是因为他们实力弱小而又想保住自己国家的利益。"

楚怀王看了看张仪，又看了看群臣，默默地点了点头。张仪又说：

"秦国之所以愿意和楚国结成兄弟之国，共灭韩、赵、魏、燕、齐等国，是因为单凭秦国自己的实力尚不足以做到这一点。这也是由利益和实力决定的。"

听到这里，楚怀王已经迫不及待地想答应张仪的建议了。不过，他又担心秦国背信弃义，在灭掉韩、赵、魏、燕、齐等国之后，掉头对付楚国。因此，他试探性地问：

"相国如何保证秦国不会背信弃义呢？"

张仪笑了笑，回答说：

"臣无法保证秦国不背信弃义。不过，臣有一个问题想问大王。"

"相国但问无妨，寡人洗耳恭听。"

张仪这才问道：

"大王认为，凭秦国现在的实力，攻打楚国的话，胜算有多少？"

楚怀王沉思片晌，回答说：

"七成以上。不过，秦国也必定元气大伤。"

张仪又问：

"完全灭亡楚国呢？"

"哈哈，"楚怀王笑道，"几乎没有这种可能。"

楚怀王这样说并不是吹牛。当时，楚国的经济、军事实力虽然无法和秦国相提并论，但也十分强大。再加上楚国的地域广阔，有足够的

战略回旋空间，秦国确实无法在短时间内灭亡它。

张仪摊了摊手，笑道：

"既然如此，大王何必担心秦国背信弃义呢？大王如果愿意听从我的意见，和齐国断绝往来，与秦国修好，我请秦王把商於一带600里（折合300千米）土地献给大王，再从秦国挑选美女给大王当侍妾。从此之后，秦、楚两国之间娶妇嫁女，永远结为兄弟国家。如此一来，向北可削弱齐国，而且保障西部边疆的安全，还有比这更好的策略吗？"

（四）

楚怀王听了张仪的一番话，心里的疑虑消除了，准备答应他的建议。这时，上柱国昭阳站了起来，反对说：

"大王，张仪是个靠嘴皮子吃饭的家伙，说出来的话怎么能相信呢？"

张仪一听，马上反驳说：

"启禀大王，臣和上柱国有私仇。他反对臣，实际上是在公报私仇。"

楚怀王知道，昭阳曾经因为丢失和氏璧而鞭打张仪的事情。他还知道，张仪刚当上秦国的相国就给昭阳写了一封信。张仪在信上说：

"上柱国还记得和氏璧的事情吗？那个时候，您羞辱了我，现在请您好生保护楚国的城池。"

按理说，张仪的这几句话已经暴露了他的野心。但楚怀王的贪念已起，哪还顾得了那么多？他宁愿相信，张仪说这些话只是吓吓昭阳罢了！

楚怀王不耐烦地朝昭阳挥了挥手，高声道：

"请上柱国不要再说了，寡人自有分寸！"

群臣见楚怀王铁了心要绝齐联秦，连上柱国昭阳都被训斥了，谁也不敢忤逆他的意思了，只要纷纷高声呼道：

"大王英明！"

楚怀王望了望群臣，心满意足地笑了。就在这时，一个身材瘦小的

男子站了出来。他掩面作哭泣状，对楚怀王说：

"众人都在祝贺大王，臣却偏偏替大王伤悼。"

楚怀王生气地说：

"我用不着调兵遣将就得到600里（折合300千米）土地，臣子们向我祝贺，唯独你为我伤悼，这是为什么？"

那人忧伤地说：

"在我看来，商於一带的土地不仅不能得到，齐国和秦国还可能会联合起来。齐、秦联合起来，楚国就大祸临头了！"

楚怀王气愤地说：

"简直一派胡言，你有什么根据吗？"

那人回答说：

"大王息怒，且听我一言。秦国之所以重视楚国，是因为楚国与齐国结成了联盟关系。如果大王和齐国断绝往来，废除盟约，楚国就孤立了。秦国为什么要满足一个孤立无援的楚国，给它600里的土地呢？"

"对呀，"楚怀王暗想，"秦国为什么要把600里的土地送给我楚国呢？"

张仪见楚怀王有所犹豫，立即站起来反驳道：

"大王，陈轸本是齐国的官员，自然会替齐国说话。"

原来，这个反对楚怀王绝齐联秦之人便是陈轸。楚怀王一听，觉得张仪说得也有道理。而且在600里土地的诱惑下，他觉得张仪的话更为可信。不过，他依然有些放心不下，遂问陈轸：

"爱卿可有什么两全之策？"

陈轸回答说：

"张仪回到秦国，一定会背弃向大王的承诺。如此一来，楚国向北和齐国断绝了外交关系，又会从西方的秦国招来祸患。到那时，两国的军队一块打到楚国，大王该如何应对呢？我妥善地替大王想出了对策，不如暗中和齐国联合而表面上断绝关系，并派人跟随张仪去秦国。假如秦国给了我们土地，我们再和齐国断交也不算晚；假如秦国不给我们土地，那就符合了我们的策略。"

楚怀王怒斥道：

"爱卿快快闭嘴，你怎么能教给寡人如此卑劣的伎俩呢？你不要再讲话了，等着我得到土地吧。"

楚怀王和张仪等人讨论问题时，屈原一直坐在角落里默默无言。现在，他见楚怀王利令智昏，终于忍不住了。他"噌"地站起来，反对说：

"大王，万万不可啊！正如陈先生所言，秦国之所以重视楚国，完全是因为我们和韩、赵、魏、燕、齐等国结成了联盟关系。一旦我们脱离了这个联盟，也就失去了和秦国对抗的基础。届时，谁也无法保证秦王会遵守诺言，割让商於的600里土地给楚国。"

楚怀王对屈原的话充耳不闻，下令道：

"一切遵照张相国所言，立即和齐国断绝关系，和秦国结为兄弟之国。"

张仪闻言大喜，立即奉承道：

"大王英明！"

朝中大臣们也纷纷附和说：

"大王英明神武，即使尧舜在世也不能与大王相提并论！"

听了众人的恭维，楚怀王心里高兴极了。唯有屈原、昭阳、陈轸等人面无表情，心里充满了忧虑。

第八章　力谏怀王

长太息以掩涕兮，哀民生之多艰。

——（战国）屈原

（一）

　　齐威王见楚国和秦国结成了连横联盟，自知无法和这两个大国对抗，也想加入他们。秦惠文王闻讯大喜。他本想通过军事手段迫使齐国屈服，如今齐国竟然自己送上门来，他也不必大动干戈了。

　　于是，秦惠文王又令张仪出使齐国。张仪不敢怠慢，直接从楚国来到齐国境内，求见齐威王。在齐威王的支持下，张仪与齐国、楚国的国相在啮桑（今江苏省沛县西南）举行会议，初步达成了合作意向。

　　魏惠王见苏秦苦心经营的合纵联盟彻底瓦解了，心里不免惊慌起来。秦、楚、齐均是大国，任何一个国家都能消火魏国，何况他们联合起来呢？于是魏惠王立即召见苏秦、公孙衍等人，商议对策。

　　苏秦和公孙衍也没什么好办法，只能劝魏惠王与韩、赵、燕及中山等国结成联盟，抵挡一阵再说。历史上著名的"五国相王"事件，便是在这种背景下发生的。

　　所谓的"五国相王"，就是韩、赵、魏、燕、中山等国互相承认对方的称王。实际上，这只是一个过场。早在公元前324年（一说公元前325年），秦惠文王也自立为王之时，魏惠王就尊韩宣惠王（？—前

312年，公元前332—前312年在位）为王了。随后，中山、宋等小国也纷纷自立为王，只不过他们的王号没有得到各国的诸侯承认罢了。如今，韩、燕和中山等国结成了联盟，他们的王号也获得了合法性。

张仪离开楚国之后，楚怀王乐坏了。世界上还有比这更便宜的事吗？六百里土地啊！不过，他也担心张仪不履行诺言，便派了一名使者跟着他，辗转到了秦国。

张仪知道，这名使者是楚怀王派来监视自己的。不过他并不担心，而是暗笑道：

"凭我张仪的才能，想要摆脱你这一介武夫还不容易吗？"

回到秦国后，马车刚停稳，张仪就跌了下去。随从们连忙上前，将其扶起。张仪故意装出一副痛苦的样子，喊道：

"哎呦呦，我的腿受伤了，恐怕一时半会见不了大王了，你们先替我去见大王吧！"

其实张仪根本没事，他故意从车上跌落完全是为了拖延时间，以便巩固秦、齐联盟。聪明的秦惠文王怎么会不了解张仪的心思呢？他一边公开去探望张仪，一边遣使去朝见齐威王。

楚怀王的使者日日去求见张仪，张仪总是让下人回复说：

"相国有伤在身，暂时无法上朝，割让商於一事留待以后再说吧！"

楚王听到这件事后，自我安慰说：

"张仪现在不肯把商於献给楚国，可能是因为寡人与齐国断交还不彻底吧！"

于是，他便打算派勇士到宋国，借宋国的符节到齐国去辱骂齐威王。屈原、昭阳、陈轸等人闻讯大惊，立即进宫劝谏，请楚怀王收回成命。然而，被贪婪蒙蔽了双眼的楚怀王哪里听得进反对意见呢？

不久，屈原等人就听说齐威王愤怒地斩断了宋国的符节，彻底与楚国断交了。过了一段时间，屈原又听说，齐国已经和秦国建立了联盟关系，他不由叹息道：

"大王不听我等的忠告，一定会后悔的。如今，秦国与齐国建立了联盟关系，张仪怎肯将商於献给楚国呢？"

（二）

屈原分析得完全正确。秦、齐刚刚建立邦交，张仪就上朝了。楚怀王的使者急忙去见他，询问何时办理交接手续，把商於一带的六百里土地割给楚国。

张仪故作惊讶地说：

"商於的六百里土地？我什么时候说过把商於献给楚国了？我张仪哪有这么大的权力！我说的是，我有秦王赐给的六里封地，愿把它献给楚王。"

使者愤怒地看着张仪那副无赖的嘴脸，大声反驳道：

"我奉楚王的命令来接收商於之地六百里，不曾听说过相国的六里封地。"

张仪笑道：

"您要收商於之地六百里，就请去见秦王吧，我可没有这么大的权力。"

使者无奈，只好回到楚国，向怀王复命。楚怀王闻言大怒，立即要集结军队攻打秦国。楚国大将屈匄第一个站出来响应说：

"只要大王一声令下，臣愿领兵直捣咸阳。"

楚怀王大喜道：

"有将军在，寡人怕他秦国作甚！好，寡人命你为上将军，点兵伐秦。"

这时，陈轸站出来对楚怀王说：

"大王，您认为此次出征的胜算有多少？"

楚怀王见陈轸又站出来阻止自己，又羞又怒地说道：

"不管胜算如何，寡人一定要出这口恶气！"

陈轸反驳道：

"如果打胜了，大王的怒气自然消了；如果打败了，大王恐怕会更加生气！"

楚怀王怒斥道：

"陈轸匹夫，你为何总与寡人作对？"

陈轸不恼不怒，向楚怀王缓缓说道：

"臣不敢跟大王作对，臣只完全是在替大王和楚国的江山社稷着想。当前，秦强楚弱，与其攻打秦国，不如反过来割让土地贿赂秦国，与其合兵一处，攻打齐国。届时，我们割让出去的土地可以从齐国得到补偿，大王的国家也可以继续存在下去。否则，以卵击石只能是自取灭亡。"

正在气头上的楚怀王哪里肯听陈轸的建议？他最终还是命屈匄为将，率部进攻秦国。结果，楚军在丹阳遭到了秦、齐联军的阻击，损失惨重，仅战死者就达8万余人。屈匄也死于乱军之中。楚国的丹阳、汉中等地均转入秦国的控制之下。

楚军战败的消息传到郢都后，陈轸、屈原等人立即进宫，面见楚怀王。在进宫的路上，陈轸问屈原：

"此次楚军战败，损失惨重，大人认为大王会如何应对？"

屈原叹了口气，回答说：

"以屈原对大王的了解，他定会派出更多的军队前去攻打秦国。"

陈轸仰天叹道：

"如果真是这样的话，地狱之中又要多上几万冤魂了！"

屈原也凄然道：

"秦军新胜，士气正盛。如果大王这时派兵出战，简直就等于送羊入虎口啊！"

陈轸拉着屈原的手，哽咽道：

"正是这样啊！不管如何，我们一定要向大王说明这个道理。可惜的是，你我人微言轻，恐怕难以让大王改变主意。"

屈原安慰陈轸说：

"不管能否成功，屈原都会全力以赴。"

屈原和陈轸边说边走，很快就来到了王宫。一切果然不出屈原所

料，楚怀王正在调兵遣将，准备和秦国决一死战。

当宫人向楚怀王禀报说屈原和陈轸求见时，楚怀王挥了挥手，不耐烦地说：

"寡人不见。让他们速速离去！"

屈原和陈轸在宫门口听楚怀王说"不见"，心里顿时凉了半截。他们知道，楚怀王定然已经猜到他们要说什么了，所以才不愿意见他们。

屈原和陈轸高呼道：

"大王，大王！"

楚怀王怒斥道：

"来人，给我轰出去。"

屈原和陈轸还想再说什么，但已经来不及了。几个身强力壮的卫士一拥而上，把他们轰了出去。不久，他们就听说，楚怀王又派了大量的军队前去袭击秦国。

（三）

楚国的第二批部队出征之后，屈原坐立不安，唯恐听到楚军战败的消息。虽然他知道楚军几乎必败无疑，但依然存有几分侥幸，希望将士们能够创造奇迹。

数月后，前线的消息陆续传到郢都。奇迹终究没有发生，楚军在蓝田（今陕西省蓝田县）遭遇秦军的埋伏，损失惨重。楚怀王后悔不已，但已经来不及了。无奈之下，他只好以割让两座城池为代价向秦国求和。经过几场恶战后，秦军的损失也不小，急需休整，秦惠文王便答应了他的请求。

冷静下来的楚怀王开始反省自己的错误。他想，如果当初听从陈轸和屈原的建议，拒绝张仪，又怎么会有今天呢？如果当初听从陈轸的建议，联秦伐齐，楚国也不会败得这么惨！如果当初见了屈原和陈轸，楚军未必会接连失败两次。然而，这一切都只是"如果"罢了。

楚怀王知道，自己接下来要考虑的不是过去，而是将来。那天，楚怀王想了很多，但始终没有想到摆脱困境的办法。俗话说"倦鸟思归"，身心俱疲的楚怀王踱步回到后宫。

与此同时，他的宠妃南后郑袖也在紧张地装扮着。郑袖是楚宫中出名的美人，不但貌美如花，而且才艺双绝。楚怀王只要到后宫，就会到南宫去找她。

不过，郑袖的心中始终缺乏安全感。她知道，一个出身优越的男人只要不糊涂、不胡作非为，想要获得成功简直是易如反掌的事。然而在古代，女人，哪怕是出身优越、天生丽质、貌美如花，集上天万般宠爱于一身的女人，也只能通过抓住男人的心来提升自己的身价。

怎样才能抓住男人的心呢？混迹后宫多年，郑袖总结了两条经验。第一，努力保持倾国倾城的美貌和超群绝伦的姿色；第二，排斥其他一切女人，尤其是年轻貌美的女人。

对天生丽质的郑袖来说，第一条很容易做到，但二条就不容易做到了。有一年，魏王为了讨好楚怀王，特意选送了一名年轻的女子送给他。能作为礼物送给一国之君的女子，自然不会是凡夫俗子。据说，魏王送给楚怀王的魏美人美丽得无法用言语来形容。楚宫中有佳丽三千，粉黛若云，但魏美人出现后，她们俱都黯然失色，其中也包括郑袖。

魏美人进宫后，楚怀王被她迷住了，连平日里最受宠爱的郑袖也难得见上楚怀王一面。郑袖被疏，胸中自然不满，她暗下决心，一定要把这个魏美人赶出宫去。

心里虽然这样想，但郑袖在怀王与魏美人面前却表现出一副甘愿退避三舍的样子，并且经常对魏美人表现出关爱有加的样子，仿佛自己有着宽厚豁达的胸怀，成人之美的情操。

一次，郑袖又与魏美人闲聊，郑袖叹了口气说道：

"唉，以色事人者，色衰而爱弛，哪个女人能够永葆青春呢？难道妹妹就不担心吗？"

魏美人听了这话，心里不免恐慌起来，忙问道：

"妹妹怎么能不担心呢？姐姐在宫中多年，得到的恩宠比谁都多，必定有什么秘诀。还请姐姐教我该怎么做才能让大王永远都不讨厌我呢？"

郑袖笑了笑，回答说：

"姐姐也没有什么秘诀，不过是投其所好罢了。妹妹已来楚宫多时，且每日与大王朝夕相伴，可知大王所喜何物？"

魏美人被问住了，吞吞吐吐地说：

"这，这，妹妹还真不知道。"

郑袖微笑着责备道：

"这就是妹妹的心粗了，服侍大王，怎可不知其喜恶好憎？告诉你吧，大王最喜欢双花媲美。"

说完，郑袖顺手从径边掐了一朵鲜艳的凤头花，置于鼻端细细地品着馨香。魏美人是一个聪明的女子，立即明白了郑袖的意思。她欣喜地说：

"原来大王喜欢这凤头花啊！"

郑袖微颔其首，认真地说：

"大王喜爱凤头花，更偏爱美人品味这种花蕊时的娇姿丽态。"

经过郑袖的点拨，魏美人茅塞顿开，她对郑袖千恩万谢地说：

"多谢姐姐指点！"

从此以后，魏美人每次见到楚怀王都会拿着一束凤头花，置于鼻端，像是在品味，也像是在掩鼻。起初，楚怀王还觉得新鲜，但时间久了就厌烦起来。

有一天，楚怀王和郑袖独处，闲谈中提起了魏美人。怀王突然问道：

"这几日，寡人去找魏美人，她为何总是以花掩鼻呢？"

郑袖故作神秘地回答说：

"魏美人这样做，想必是有原因的。"

楚怀王追问道：

"这样说来，爱妃必定知道是什么原因了？"

郑袖故意吞吞吐吐地回答说：

"我，我可不知道。"

楚怀王提高了声音，问道：

"爱妃再不说，寡人可要治你一个欺君之罪了！"

郑袖惶恐地说：

"贱妾不敢欺骗大王。贱妾听说，魏美人说大王身上奇臭无比，故以花掩鼻，以香逐臭……"

不等郑袖将话讲完，楚怀王就拍案而起，须眉倒竖，大声吼道：

"武士们，速将魏国所赠之奴婢拿来，施以劓刑！"

所谓劓刑，就是割掉犯人的鼻子。一个人没了鼻子，就算再美丽也会变成丑八怪了。从此之后，魏美人再也不能得到楚怀王的宠爱了，郑袖再获专宠，恢复了南后的尊位。

第九章　初任左徒

世溷浊莫吾知，人心不可谓兮。

——（战国）屈原

（一）

郑袖虽然再次获得了楚怀王的专宠，但心里还是不踏实。她知道，她能够成为天下最富有、最有权力的女人之一，完全是因为有楚怀王给她撑腰。万一哪天楚怀王归天了，她怎么办呢？当时，楚怀王已经立长子熊横为太子。熊横并非南后所出，而是王后之子。按照当时的惯例，一旦日后熊横继位，郑袖这个庶母就只能在冷宫中过完下半生了。

郑袖想来想去，唯一的办法只有让楚怀王册立她的儿子子兰为太子。不过，立嫡立长是自古以来的惯例。废长立幼，废嫡立庶，既不合情，也不合理，更为国法所不容。别说楚怀王不会答应，就是文武大臣也不会支持。

郑袖思前想后，决定一边稳住楚怀王，继续吹枕边风；一边拉拢朝中大臣，供自己驱使。在朝中，令尹子椒是地位最高、权力最大的老臣，但他却是个老朽昏聩的无用之人。上官大夫子兰是自己的儿子不必拉拢，他自然会帮助自己。大夫靳尚倒是机敏能干，鬼点子也多，但在朝中名声不佳，且贼眉鼠眼，鬼狐心肠，一心只想牟取高官厚禄，未必肯舍身助人。大夫陈轸、上柱国昭阳等人俱系循规蹈矩之辈，刚直不阿之徒，认理不认人，很难让他们臣服自己。

剩下的就是屈原了。近一年来，郑袖听到了许多颂扬屈原的溢美之辞。遗憾的是，她还没有见过屈原，更未跟他相处过。他是否愿意帮助自己，郑袖心中一点底也没有。

这天，楚怀王来到郑袖的南宫，郑袖迎接怀王，两人一起来到内室。细心的郑袖发现，楚怀王脸上虽然挂着微笑，但眉宇间却隐隐透着几分愁容。她握住怀王的手，关切地问：

"发生了什么事？大王为何不开心？"

楚怀王叹了口气，回答说：

"一切都躲不过爱妃的眼睛。这段时间以来，寡人身心俱疲啊！秦国咄咄逼人，时时窥伺我楚国。寡人日思夜想，总想着恢复大楚往日的雄风，但身边却无可用之人。你说，寡人怎么高兴得起来呢？"

郑袖听后，忙安慰道：

"大王身边怎么会没有可用之人呢？贱妾听说，屈原和大夫陈轸曾多次向大王献计献策。如果当初大王听从他们的建议，又怎么会有今日之辱呢？贱妾虽然不懂国事，但也知道他们俩都是不可多得的人才啊！"

楚怀王缓缓说道：

"爱妃所言极是。寡人明日就颁诏，宣屈原和陈轸进宫，委以重任。"

郑袖接着问道：

"大王将委以何任？"

楚怀王想了想，成竹在胸地说：

"委其为左徒，入则与寡人图议国事，以出号令；出则接遇宾客，应对诸侯。寡人还要授其生杀大权，实行改革，富民强兵，安邦定国，进而统一天下……"

郑袖斟了两杯美酒，双手捧着递给怀王一杯，自己端起一杯说：

"为上天赐大王一经天纬地之贤臣，先庄王之伟业将再现于世而干杯！"

说完，郑袖以袖掩口，将满满一杯酒喝了下去。楚怀王自然也不甘

落后，竟然一连喝了几大杯。那一晚，楚怀王睡得十分安稳，因为他已经找到了兴邦安国之道。郑袖也非常开心，因为她已经向她那宏伟的蓝图迈出了最重要的一步。

（二）

黎明时分，楚怀王便起床离开了。早朝时，楚怀王宣布了对屈原的新任命。听了楚怀王的新任命，屈原怔怔地站在原地，半天没有反应过来。他从来没有想过自己能够登上左徒的宝座。左徒是楚国的高级官员之一，入则参与国政，发布号令；出则代表国家，接待宾客，地位仅次于令尹。

陈轸等人见屈原怔了半天，忙提醒道：

"屈左徒还不谢恩？"

屈原这才回过神来，向上施礼答谢：

"臣屈原谢大王！"

楚怀王点了点头，叮嘱道：

"寡人继位以来，励精图治，一直想要重振楚国昔日的雄风，然而天不遂人愿啊！今天，寡人任命爱卿为左徒，就是希望爱卿能够辅佐寡人，重振国威！"

屈原立即回答说：

"微臣定当不遗余力！"

楚怀王笑道：

"这样寡人就放心了。"

在庆祝屈原荣升左徒的国宴上，楚怀王领着子椒、子兰、靳尚等重臣，一一向屈原敬酒。敬了一盏又一盏，满座文武，人人眼热，个个垂涎。酒过三巡，菜过五味，楚怀王又命歌舞助兴。

袅袅丝竹声响起，一队宫娥翩翩出场了。她们身着透明的羽衣，彩裙若翼，广袖如虹……只看得满座文武如痴如醉。

正在这时，丝竹声突然停了下来，郑袖头戴一朵硕大的红牡丹，身着细腰束带裙裳，翩然起舞，长袖翻卷鹍飞，似凤凰展翅，若漫天云霞。她的舞姿变化无常，有时像穿云的紫燕，有时像破雾的雄鹰，有时像下山的猛虎，有时像出水的蛟龙，有时像飘浮的白云，有时像漫天的星斗，有时像含羞的少女，有时像多情的目光，令满朝观者目不暇给，眼花缭乱。

直到郑袖停下来，丝竹声才又响起，群臣才又恢复常态。楚怀王向郑袖招了招手，把她叫到自己面前，介绍其与屈原相识。通过歌舞，屈原观赏了郑袖超凡脱俗的美貌，领略了她那优美的舞姿，这真是难得的高雅艺术享受，令人魂摇魄荡，咀嚼品味。郑袖也第一次目睹屈原的动人风采，眼前中的屈原要比传说中更加英俊潇洒。

民间传说，屈原与南后郑袖一见钟情。只不过碍于君臣之礼，他们才极力控制着自己的感情。由于年代久远，现在已无法考证这种传说的可靠性。不过，自古才子配佳人，一个是楚国第一个才子，一个是楚国第一美女，两情相悦似乎也在情理之中。

（三）

约公元前319年（一说公元前322年），屈原走马上任，开始以左徒的身份主持楚国的变法工作。

既然是变法，首先得有新法出来。为了制定和完善新法，屈原整日泡在图书馆中，查找资料，借鉴前人的变法经验。据说，为了获得完整的资料，他曾到周朝的洛阳、鲁国的曲阜等地去借阅书籍。

大约过了一年的时间，屈原才开始拟定新法。俗话说的好，"磨刀不误砍柴工"，屈原很快就拟定了一系列新法。新法呈送到王宫后，楚怀王无不照准。

和吴起、商鞅等人的变法一样，屈原主持的变法旨在打破旧贵族对国家军政大权的垄断，恢复生产，壮大军队。当然，新法出台也不可

避免地要遭到旧贵族的抵制。令尹子椒、大夫靳尚等人都在第一时间站了出来，反对屈原的新法。

楚怀王闻讯大怒，立即召屈原上殿，授其龙泉剑一把。屈原双手接过龙泉宝剑，向上深深一躬，朗声道：

"谢大王信任！"

楚怀王大声宣布说：

"立即昭告天下，朝廷内外，举国上下，有敢反对实施新法者，屈左徒可以先斩后奏……"

怀王的话还没有说完，大臣们就纷纷议论说：

"这简直是胡闹！屈原除了长相英俊之外，根本没有什么优点，怎么可能挑起主持变法的重任呢？如今又授予他生杀大权。看吧，早晚要出事。"

楚怀王见朝下官员窃窃私语，便怒斥道：

"诸位爱卿有何不满，不妨大声说出来，不要小声嘀咕。"

众臣这才闭上嘴。

和吴起的变法一样，屈原拟定的新法代表了中小地主阶级和广大民众的利益，反映了他们的愿望和意志。因此，新法一出，举国欢腾，广大百姓的生产积极性空前高涨。

不过，新法也触动了大多数旧贵族的利益。以子椒为代表的旧贵族迅速联合起来，抵制新法的实施。按照原先的制度，封地内的一切都归贵族所有，其中还包括封地内的人口。但屈原的新法却规定：给予奴隶一定的自由，允许他们开垦荒地和参军。

应该说，这是一项增强国家经济和军事实力的捷径。因为允许奴隶开荒，可以增加国家的赋税；允许奴隶参军，可以壮大部队的规模，增强战斗力。

有一天，子椒封地内的一个奴隶正在开荒。突然，一群人冲过来，不由分说，上去就打。那名奴隶大喊道：

"你们凭什么打我？我是按照左徒的法令开荒的。"

众人一边打，一边骂道：

"就凭你也有资格拥有土地？什么屈左徒，难道他比我们令尹的官还大吗？"

为了震慑其他奴隶，子椒不仅指使家奴打死了这名奴隶，还将他的头颅割下来，挂在柱子上示众。

一天，屈原领着属下到各地去察看新法的实施情况，正好来到子椒的封地。他见令尹封地内一切如旧，便诧异地问道：

"各地都在推行新法，为何这里没有一点动静呢？"

众人默不做声，慢慢向前走着，忽然有人指着远处，高声道：

"你们看！"

众人闻声举首望去，眼前威然屹立着一根柱子，上边还挂着一颗血淋淋的人头。了解内情的人说：

"那是令尹封地上的传世神柱……"

屈原眯起双眼，愣怔怔地盯着这根不可侵犯的神柱，自责似地自言自语道：

"封疆神柱，传世之物……上边还挂着血淋淋的人头，难怪垦荒令在令尹的封地上行不通……"

（四）

屈原正自言自语之使，一名随从上前道：

"左徒大人所言极是。我等费了九牛二虎之力，新法却始终推行不了，主要原因就是这些公室贵族在阻挠啊！"

屈原幽幽地说：

"是啊！虽然百姓们支持新法，但这些手握大权的王室贵族怎肯轻易放弃既得利益呢？想要把新法继续推行下去，我等还要再费一番力气啊！"

一名官员随口答道：

"左徒大人不必灰心。自吴起、商鞅以来，各国所行之新法没有不遭遇困境的，关键在于如何打破僵局，调动全民的积极性。"

屈原回过头，看了那人一眼，问道：

"如此说来，先生已经有对策了？"

那人不假思索地回答说：

"易民而垦。"

屈原问道：

"如何易民而垦？"

那人接着回答说：

"自熊绎开国以来，大部分公族、贵戚、大夫就居住在江汉平原等地。长期以来，他们盘居压榨，鱼肉百姓，百姓谈虎色变，如何敢执行新法，垦荒造田呢？在下认为，若要顺利推行垦荒令，必须把那些无功之公族、贵戚强行迁到江南荆榛未辟之地垦殖，以自食其力；移穷乡僻壤、瘦山恶水之民来江汉平原垦荒造田……"

那人尚未说完，屈原就接过话茬说：

"这倒是个好办法。不过，国人素来安土重迁，倘需移之公族、贵戚不肯到江南垦殖，穷乡僻壤之百姓也不肯背井离乡，该当如何？"

那人冷冷一笑，反问道：

"难道左徒大人手中的权力只是摆设吗？"

屈原叹了口气，说道：

"以强权推行变法，屈原实在于心不忍啊！"

那人立即针锋相对地指出：

"左徒大人这是妇人之仁！推行新法是为了整个楚国，为了天下，岂能因为'安土重迁'几个字而作罢！"

"好，就这么办。"屈原略一沉思，果断地说，"来人，立即起草行文，布告万民！"

屈原做事向来三思而后行。不过，一旦下定决心，他就不会再有任何迟疑。几天后，楚国大地上便出现了许多迁徙的人群。他们之中有王公贵族，也有普通百姓。他们的衣着打扮截然不同，但脸上的神情却大同小异。老人们阴沉着脸，一边走，一边叹道：

"几百年，数代人努力经营的家园，就这样白白放弃了，可惜啊，

可惜啊！"

妇女们眼角挂着泪珠，默默地跟在老人们的身后。她们不知道迎接她们的将会是什么样的生活。孩子们有的紧紧拉着母亲的衣襟，有的天真地望着沿途的风景，有的则不断地问大人：

"我们要到哪里去？我们要到哪里去？"

屈原带着随从，辗转各地，查看"易民而垦"的情况。他早就料到，"易民而垦"在开始阶段会遭到普遍的反对。然而他没有想到的是，人们对故乡的依恋之情远比他想象中的要浓。这种对故乡的依恋不正是楚国人的精神特质吗？正如依恋故土的橘树。

然而，不管怎样，新法都要继续推行下去。屈原相信，无论是王族贵戚，还是普通百姓，在不久的将来都会衷心拥护新法的。因为新法代表的不仅是新生地主阶级的利益，更是整个楚国的利益。

屈原的判断是正确的。几个月后，从全国各地迁往江汉平原的百姓无不欢欣鼓舞。他们发现，富饶的江汉平原是名副其实的鱼米之乡。这里可以开垦的荒地虽然不多，但交完赋税之后，他们还可以养活一家老小。而那些从江汉平原迁到江南的王族贵戚也发现，江南虽然一片蛮荒，但地广人稀，有大量的土地可供开发，他们的收入并不比原先少。

当然，最开心的人是楚怀王和屈原。楚怀王开心是因为赋税迅速增加，国力得到了很大程度的加强；屈原开心是因为他推行的新法收到了良好的效果，他的付出有了回报。

多年后，屈原在绝笔诗《惜往日》中写道：

> 惜往日之曾信兮，受命诏以昭时。
> 奉先功以照下兮，明法度之嫌疑。
> 国富强而法立兮，属贞臣而日娱。
> 秘密事之载心兮，虽过失犹弗治。

这并不单单是屈原的自夸之词，也是屈原担任左徒期间楚国的真实写照。遗憾的是，这种状况并没有能够长久地持续下去。

第十章　出使齐国

与天地兮同寿，与日月兮齐光。

——（战国）屈原

（一）

新法的推行让楚国迅速摆脱了困境，屈原也因此得到了楚怀王的宠信。据史书记载，楚怀王很信任屈原，食则与其同桌，寝则与其同席。然而，正因为如此，屈原也受到了子椒、上官大夫子兰、靳尚等人的忌恨。

有一天，楚怀王大宴群臣。他当着众人的面感慨地说：

"如果我楚国多几个像屈爱卿这样的人才，非但不用惧怕秦国，说不定还能一统天下呢！"

众人虽然嘴上纷纷附和，但心里却不这样想。楚怀王对屈原的重用，已经让他们失去了楚王的宠信，他们心中自然不会满意。

楚怀王自然不知道群臣的真实想法，他高兴地端起酒杯对众人说：

"来，众爱卿和寡人一起敬左徒大人一杯。"

群臣忙端起面前的酒杯，向屈原朗声说道：

"左徒大人请！"

屈原站起来向众人拱了拱手，而后才端起几案上的杯子，一饮而尽。楚怀王大喜道：

"爱卿好酒量！来，寡人亲自为你斟酒！"

说着，楚怀王就端着酒壶，离开座位，来到屈原的面前，为他满满斟了一杯酒。群臣见状，心里又是羡慕又是恨。

酒过三巡，楚怀王又来到屈原面前，轻轻拉着他的手，缓缓说道：

"新法虽然已初见成效，但寡人依然不能放心。方今天下，列国争强，谁都想吞并各路诸侯，称雄天下，我楚国也不可能置身事外。爱卿以后还要多多费心，将新法彻底、深入地推行下去。"

屈原忙回答说：

"请大王放心，屈原一定竭尽全力辅佐大王，振兴楚国。"

上官大夫等人在一旁看着楚怀王和屈原亲热的样子，心中非常忌恨，心中暗想：

"别得意，早晚要你好看！"

回到左徒府，屈原顾不上一天的劳累，立即钻入书房，思考如何将新法深入推行下去。由于已经有了先前的经验，他的脑海里很快就有了方案。

第二天早上，屈原正在书房赶制方案，上官大夫子兰突然来访。屈原虽然对子兰的到来感到不解，但还是热情地迎了上去。两人寒暄过后，屈原领着子兰来到会客厅。子兰看着窗台和几案上摆的花花草草，恭维道：

"早就听说左徒大人乃是风流俊雅之士，起初我还不相信。今天到了大人的府上，才知道传言不虚啊！"

屈原向子兰拱了拱手，说道：

"大人谬赞了！屈原只不过喜欢摆弄摆弄花草，哪里算得上风流俊雅之士？"

两人有一搭没一搭地闲聊着，每个人心里都在努力猜测对方话中的深层含义。突然，子兰将话锋一转，问道：

"昨天早朝，父王让大人将新法深入地推行下去。按照大人的做事风格，今日想必已经有了方案吧？"

屈原向来不会撒谎，也不屑于撒谎，因此回答说：

"不瞒大夫，屈原昨日一夜未睡，已经有了初步方案。"

子兰欣喜地说：

"快拿来我看。"

屈原尴尬地笑了笑，回答说：

"草稿未定，不便给大夫过目。"

子兰一听，马上一甩袖子，厉声喝道：

"恐怕不是不便，而是左徒大人不愿吧！"

屈原忙回答说：

"不敢，不敢！实在是草稿未定，不便提前给大夫过目。"

子兰大怒，指着屈原说：

"好你个屈原，你等着！"

说完，子兰转身向门外走去。出于礼节，屈原也跟在他身后，将其送到大门口。按理说，屈原是楚国的左徒，官职比上官大夫高一级，不必对子兰如此客气。不过，子兰的官职虽然不高，但身份不同，人家可是楚怀王最宠爱的幼子啊！

（二）

子兰离开左徒府，径直来到王宫。本来他是打算直接去见楚怀王，诬告屈原的，但在经过南宫时，他突然改变了主意，决定先去见母亲郑袖。

自从在国宴上见到屈原后，屈原就给郑袖留下了深刻的印象。平日里，她也总是想方设法接近屈原，向其献殷勤。然而，屈原忙着推行新法，根本没工夫搭理她。当然，她接近屈原的一个主要目的，就是让他劝说楚怀王废长立幼，废嫡立庶。

郑袖见到儿子进来后，很高兴，就和子兰聊了起来。母子俩聊着聊着就聊到了屈原，郑袖问道：

"我儿和屈左徒同朝为官，应该比较了解他。你觉得屈左徒这个人怎么样？"

子兰一听，立刻恨恨地说：

"孩儿实在想不明白，父王为什么要重用屈原这个沽名钓誉之徒？除了打扮得花哨一些，我还真没看出来他有什么本事！"

郑袖敛容道：

"你父王重用屈左徒自然有他的道理。屈左徒推行新法，成效卓著，怎能说没有什么本事呢？你和屈左徒之间是不是有什么误会？"

"误会？"子兰不满地说，"没有什么误会。刚才孩儿去左徒府找他，想看看他新制定的新法方案，他居然以草稿未定来敷衍我！"

郑袖笑道：

"你刚才是不是打算去向你父王告状？"

子兰惊讶地问：

"母亲怎么知道？"

郑袖笑着说：

"知子莫若母。你想什么，我还能不知道？你记住，以后要和左徒大人多亲近。"

"为什么？"

郑袖看了儿子一眼，低声道：

"有些事情你还是不知道的好。不过，母亲绝对不会害你。"

这次谈话之后，子兰暂时打消了向怀王打小报告的念头。屈原也暂时保住了左徒的地位，得以继续推行他的新法。

就在楚国的变法运动轰轰烈烈地进行之际，秦国又将目光转向了东方。公元前322年，张仪在秦惠文王的授意下，离开秦国，前往魏国进行间谍活动。魏惠王明知张仪此来不善，但在强秦的威慑下，还是把相国的位子空了出来，把张仪扶了上去。

张仪虽然坐在魏国相位上，但心里依然想着秦国的利益。他极力拉拢魏惠王，想让魏国加入秦国的连横联盟，共同对抗齐、楚等大国。

魏惠王怎会不知道张仪的阴谋呢？他表面上对张仪百依百顺，背地里却支持公孙衍、苏秦等人，努力维持东方六国的合纵联盟。

公元前319年，魏惠王在临死之前赶走了张仪，把公孙衍扶上了相位。张仪这次连横活动虽然失败了，但他并未灰心。回到秦国后，他立即上书秦惠文王，准备以武力胁迫魏国就范。结果可想而知，韩、魏两国在强秦的攻势下毫无还手之力，屡屡失利。新任魏国国君魏襄王（？—前296年，公元前318—前296年在位）慌忙召见公孙衍等人，令其和苏秦联系，重建合纵联盟，共同抵抗强秦。

（三）

秦国向韩、魏用兵的消息传到楚国后，楚怀王大惊失色，立即召集群臣商议对策。子椒、昭阳等人纷纷进言说：

"秦国连年东侵，其目的就是吞并六国，一统天下。秦王今天可以出兵攻打韩、魏，明天就可以出兵攻打我楚国。"

楚怀王不耐烦地打断众人的议论，焦急地说：

"你们只说寡人该如何应对就好了。"

昭阳回答说：

"近年来，左徒大人推行新法，效果显著。如果此法能够长久、深入地推行下去，楚国国力日盛，也就不用怕秦国了。"

屈原出列，缓缓说道：

"俗话说，远水救不了近火。推行新法也并非一朝一夕之事。臣担心秦王不会给我们这个机会。"

楚怀王颔首道：

"屈爱卿所言极是。那么，你认为寡人该怎么做呢？"

屈原回答说：

"联合韩、赵、魏、燕、齐，建立合纵联盟，共同对抗秦国。而后，继续推行新法，富国强兵。"

楚怀王沉默了半晌,说道:

"几年前,寡人听从苏秦的建议,联合东方诸国,共同抗秦,确实起到了很好的效果。可惜,寡人误信了张仪的谎言,和齐国断绝了关系。现在想和齐国联合,恐怕不大容易吧!"

屈原分析说:

"不然。当初,大王误信张仪的谎言,和齐国断绝关系,齐王肯定非常生气。不过,此一时彼一时。方尽天下,秦国一国独大。齐国虽然也很强大,但想要靠其自身的力量来对抗强秦,恐怕难以办到。齐王如果想要保住齐国,除了放下身段和我楚国联合以外,别无选择。"

楚怀王大喜道:

"爱卿是否愿意替寡人到齐国去一趟?"

屈原道:

"臣愿效犬马之劳。"

据史料记载,屈原于公元前319年深秋率宋玉、昭汉等人离开楚国,踏上了使齐之路。屈原一行晓行夜宿,取道徐州、泰山,来到了齐国的都城临淄。

此时,齐威王已经去世,其子辟疆继位,是为齐宣王(公元前350—前301年,公元前319—前301年在位)。齐宣王是一名善于纳谏、勇于改过的明君。继位之初,他就重振稷下学宫,广招天下贤士,共治齐国。田婴、孟子等人此时都在齐国为官。

齐宣王听说屈原以楚怀王特使的身份前来访问齐国,立即召集群臣商议应对之道。朝中大臣立即分成两派,一派主张以上宾之礼接待屈原,联合楚国,共抗强秦;一派主张避而不见,任楚国自生自灭。

齐宣王略一沉思,对众人说道:

"爱卿们所言都有道理。依寡人之见,不如先见屈原,然后再做定夺。寡人听说,屈原聪明异常,一表人才,乃是楚国出名的美男子,寡人早就想见见他了。"

几天后,屈原一行抵达临淄,齐宣王率文武百官于王宫东门外的广

场上为其举行了盛大的欢迎仪式。广场上，旌旗猎猎，鼓乐喧天，文武两列，躬身施礼，场面盛大隆重，气氛热烈肃穆。欢迎仪式之后是丰盛的国宴，既有鸡鸭鱼肉、山珍海味之丰，又有灯红酒绿、觥筹交错之欢，自然也难免拳令笑骂、醉态百出之狼狈。

两天后，齐宣王在朝堂之上接见了屈原等人。屈原也自然成了会谈的主角。他充分发挥了自己娴于辞令的才华与特长，滔滔不绝地谈论天下时势，诸侯称雄，强凌弱，暴凌寡，弱肉强食；他讲强秦暴虐无道，侵地掠财，杀人如麻；他谈东方六国合纵之必要，好比一只手，张着五指，扇出去，毫无力量，只有握成拳头，才能致敌于死地；他分析齐、楚两国的有利因素，完全有条件、有能力成为合纵的核心，团结其余四国，共敌强秦。

屈原的一席话说得齐宣王连连颔首，啧啧称是。在场的齐廷文武，俱皆佩服屈原对天下形势了解得是那样透彻，称赞他的雄辩才能和刚毅正直的品格。最后，齐国君臣一致同意订立齐楚联盟，团结韩、赵、魏、燕等国，共同抗击秦国。

屈原出使齐国的同时，公孙衍、苏秦等人也在魏、韩、赵、燕等国开展合纵活动。公元前318年春，楚怀王派使臣分别去请齐、魏、韩、赵、燕五国的君臣来楚之郢都会盟。据历史学家推测，屈原很可能又去了韩、赵、魏等国。从某种意义上说，这次合纵是由楚国发起的，会盟的地点又在郢都，楚怀王自然也成了这次会盟的纵约长。

会盟开始，楚怀王昂首先登盟坛，齐、魏、赵、燕、韩依次历阶而上，各就各位。楚怀王对五国君臣说：

"六国系山东之大国，皆为王爵，地广人众，实力雄厚。秦乃牧马贼夫，凭借咸阳要塞，不断发兵东进，侵吞各国领土。保国不如安民，安民不如择交，向暴秦割地求和，最终还是战祸临头，国家危亡。今日请诸王来郢，就是要结为兄弟，刑牲歃血，誓于神明：秦攻一国，其他五国俱皆出兵援救。有违盟约者，五国共讨之.六国联合起来，以战止战，合纵抗秦，秦定然不敢再出兵东犯。"

五国的国君齐声赞同。

然后，屈原捧盘，恭请六国君王依次歃血，拜告天地及六国祖宗。

最后，屈原将事先写好的盟约分发给各国，请六国君臣赴宴。就这样，东方六国顺利地达成了协议，再次结为联盟。这就是历史上著名的第二次合纵。

楚怀王与韩、赵、魏、燕、齐等国的国君相约，共同出兵伐秦。遗憾的是，韩、赵、魏、燕四国军队不肯听从纵约长楚怀王的调遣，他们陈兵函谷关外，互相推诿，谁也不肯打先锋。齐国则以路途遥远为由，推迟了发兵的时间。也就是说，所谓的六国联军实际上只到了五国。所以，历史上也将这次军事行动称为五国伐秦。

五国联军来到函谷关外，秦国守将樗里疾大开关门，陈兵索战，五国将领谁也不肯出战。两军相持数日，樗里疾突出奇兵，绝楚饷道，楚兵乏食，士兵哗然。樗里疾乘机进攻，楚兵败走。楚兵既退，四国谁也不肯恋战，纷纷撤军。等到齐军来到关外时，五国联军早已撤退。

如此一来，一场轰轰烈烈的六国联兵伐秦之战以失败而告终了。合纵的始作俑者苏秦也在不久之后死于齐国。

第十一章　结怨郑袖

心郁郁之忧思兮，独永叹乎增伤。

——（战国）屈原

（一）

六国伐秦之战虽然以失败而告终，但也给了秦惠文王以极大的震动。深思熟虑之后，秦惠王决定暂时停止东侵的步伐，东方六国也因此获得了短暂的和平，屈原也有时间继续推行他的新法。然而，天不遂人愿，正当新法逐步深入之时，洞庭湖流域发生了百年不遇的洪灾。

当时，科学技术十分落后，人们往往用超自然的力量来解释各种灾害现象。当时，楚国的巫术文化特别兴盛。每逢丰收、灾害或庆典之际，人们都要装扮成野兽的样子，载歌载舞，祭祀神灵。洞庭湖流域遭遇水灾，自然免不了祭祀湘君和湘夫人。

传说，帝舜南巡时，不幸崩于苍梧之野，葬于九嶷山下。他的两个夫人娥皇、女英前往寻夫，因不识路径，来到洞庭湖内的君山，思夫心碎，悲痛号啕，泪尽继之以血，血泪挥洒竹上，将翠竹染得斑痕点点，故名斑竹。

姐妹俩在君山没有找到夫君，就乘舟逆水而上，行至潇水与湘水会合处，月夜双双坠水而死。人们景仰二女对爱情的忠贞，说她们死后变成了洞庭、潇湘、沅澧一带水域的水神，并尊帝舜为"湘君"，娥皇、女英为"湘夫人"，世代祭祀不绝。

楚怀王接到洞庭湖流域发生洪灾的报告后，第一时间想到的就是让屈原写一些祭祀湘君和湘夫人的诗歌。因此当晚，他就派人把屈原宣入王宫。

屈原见怀王深夜派人来宣，不敢怠慢，立即赶到王宫。他到大殿时，怀王已在那里等候多时了。屈原向怀王见了礼，便问：

"大王深夜召臣进宫，是不是有什么急事？"

楚怀王将洞庭湖方面送来的快报递给屈原，焦急地说：

"你看，这叫寡人如何是好啊！看着百姓受苦，寡人实在心焦啊！"

屈原看完快报，将其放在几案上，问道：

"大王打算怎么做？"

怀王凄然地说：

"洞庭泛滥，恐怕是湘君和湘夫人在找寡人的麻烦，寡人想让爱卿写一些祭祀她们的诗歌。"

屈原回答说：

"如此甚好！臣认为，两位仙人一定会被大王的爱民之心感动。不过，单纯写诗祭祀恐怕还不够。依臣之见，大王还应该颁诏地方，让各地官员就地赈济受灾的百姓。"

怀王一拍脑袋，恍然大悟道：

"瞧，寡人只顾担忧了，竟将这条给忘了。好，寡人这就颁诏。"

就这样，君臣二人各司其职，开始行动了。根据湘君的传说，屈原创作了两首祭祀诗歌，一首是《湘君》，一首是《湘夫人》。文学史家推测，在此之前，楚地可能已经有了同名作品。屈原的《湘君》和《湘夫人》很可能也借鉴了其他作品的文学特色。

不过，无论在形式上，还是艺术特色上，屈原的作品都是独树一帜。他突破了传统，用湘夫人的口吻来抒写《湘君》，又用湘君的口气来抒写《湘夫人》。《湘君》篇中描写二妃同往迎舜的经过。他们

是预先约定好了的，而且以往都是如期赴约的。然而这一次，由于一个意外的原因，他们未能会面。原诗语言优美，格律整齐，读起来朗朗上口：

> 君不行兮夷犹，蹇谁留兮中洲？
> 美要眇兮宜修，沛吾乘兮桂舟。
> 令沅湘兮无波，使江水兮安流。
> 望夫君兮未来，吹参差兮谁思？
> ……

《湘君》和《湘夫人》这两首诗都是抒写寻情侣而不遇的怀思和哀愁，但在构思、运笔上却又同中见异，各臻奇境。

《湘君》的抒写重在"纪行"式的动态再现，其情感抒发伴随着主人公大开大阖的寻觅和受挫，采用逐层递进的方式，全诗自始至终为浓重的忧伤和哀怨所笼罩。

《湘夫人》则是更多静态的展示，其情感抒发主要借助环境景物的烘托和幻觉意象的映衬，呈现出一种扑朔迷离之美。

构筑 "水室"一节，正是欲在绚丽的铺陈中表现出一种突如其来的兴奋和欢快，这里纯用意象飞舞腾娜，写来如火似锦，使人目眩心迷，杳不知町畦所在，直到结尾才一下跌转，以湘夫人的终于不来，使前文那缤纷的铺排顿如海市蜃楼一样倏然幻灭。

湘君的怀思和哀伤，正是在欢乐的上升和跌落之中被表现得愈加深切动人。这种变化多姿的艺术表现使得两首诗珠联璧合，前后辉映。

（二）

屈原伏案，一边构思，一边奋笔疾书，室内静悄悄的，无一丝响动，只有笔头摩擦绢稿的沙沙声，待雄鸡报晓，橘红色的晨曦爬上了窗纱的时候，洁白的绢稿上留下了两首字迹潇洒的诗篇《湘君》和《湘夫人》。他站起身来，离开书案，伸伸懒腰，连打了几个哈欠，倒背双手在室内踱步，忽一转身，只见绢稿上的每一个字、每一行诗，都在跳跃，都在闪烁，交相辉映，书房里五彩缤纷，一片光明。

祭歌既成，屈原马上交与楚怀王审批钦定。楚怀王虽是一国之君，但对艺术并不在行。他对屈原的文学天赋及其作品素来是崇拜得五体投地，读过之后更是是赞不绝口，根本提不出什么批评意见。

楚怀王拿着诗稿，吩咐宫人道：

"立即去请南后，寡人要和她一起欣赏左徒大人的新作。"

宫人领命而去。过了一会儿，郑袖扭着婀娜的身段来到了殿。楚怀王一把把她拉到跟前，笑着说：

"快来，和寡人一起欣赏左徒大人的新作。"

郑袖笑道：

"左徒大人的作品犹如仙乐，臣妾可得好好品味。"

两人一人扮湘君，一人扮湘夫人，就在大殿上演了起来。演完后，两人泪流满面，郑袖更是情不自禁地赞叹道：

"真是太美了！"

楚怀王低声道：

"爱妃也觉得美吗？寡人这就命人火速编舞配乐，尽快在宫廷内演出，以便征得文臣武将的意见，然后再传于民间，让万民一起祭祀湘君和湘夫人。"

郑袖轻轻点了点头，说道：

"臣妾听从人王的安排。"

在郑袖的心目中，屈原的这两首新作与其说是祭歌，不如说是写给她的情书。但事实上，这不过是郑袖一相情愿地想入非非罢了。不可否认，屈原第一次见到郑袖时，也被郑袖的美貌吸引了，但郑袖是楚怀王

最宠爱的妃子，而怀王对自己有知遇之恩，他怎能伤害楚怀王呢？无论如何，视清誉如生命的屈原都不会与郑袖有任何私人的瓜葛。

在郑袖的主持下，《湘君》《湘夫人》两首祭祀之歌进行了紧张的排练。祭祀湘君是国家大事，不但普通百姓要积极参与，王公贵族们也不甘落后。楚怀王亲自点将，让能歌善舞的郑袖出演《湘君》中的娥皇。那么，谁来演湘君呢？

如果从对等的角度考虑，南后出演娥皇，湘君就只能由楚怀王亲自来演了。但楚怀王日理万机，无法分身，而且对文艺也是一窍不通，无法亲自出演湘君。

如此一来，出演湘君最合适的人选就只有屈原了。且不说《湘君》和《湘夫人》是屈原创作的，能够很好地把握人物性格和故事情节，就相貌而言，屈原也是不二人选。他长得风流倜傥，一表人才，和故事中的湘君非常相似。

正是基于这些原因，楚怀王将扮演"湘君"的任务交给了屈原。屈原虽然百般推辞，但又不敢违背怀王命令，只好硬着头皮与郑袖一起出演《湘君》。

楚怀王假装生气道："寡人一言既出如白染皂，岂能随便更改！"

屈原连连顿首，答应说："微臣遵命！"

楚怀王拉着屈原的手，笑着说："这就对了。"

屈原要和郑袖演对手戏的消息不胫而走，迅速传遍了郢都的大街小巷。秋日的一天，彩排在王宫的龙凤宫拉开了帷幕。文武官员、宫人、宫娥纷纷赶来，把龙凤宫围了个水泄不通。

丝竹响起时，身着戏装的郑袖犹如天边的彩霞，翩然飘到台上。她发髻高耸，细腰若蜂，长袖曳地，舞起来似云霞、若长虹，令人眼花缭乱。郑袖的歌喉舞姿都堪称世上一绝，天下无双，一招一式，一开一合……无不出神入化，令台下的观众不觉都着了迷。

突然，丝竹声戛然而止，郑袖缓缓飘下台去。几个年轻的宫娥不禁

叹息道：

"湘夫人走了，湘夫人走了。待会儿，湘君怎么找到她呢？"

在宫娥的叹息声中，屈原扮演的湘君飘到了台上。他一开唱，台下就响起了热烈的掌声。几个年轻的宫娥甚至低声喊道：

"湘君，你来迟了，湘夫人已经走了。"

屈原极力做出一副镇静的样子，努力表演，不知不觉也将自己融入戏中，观众们都被他的歌声和舞蹈打动了。待演出结束，人们一个个都觉得意犹未尽一般。甚至过了许久，人们的心中仍然翻腾着观看演出时的阵阵热浪。

一时间，屈原的才华，郑袖的技艺，成了宫廷内外、朝野上下议论的中心话题。踌躇满志的郑袖根据屈原在台上的表现认为，自己已经征服了屈原的心，现在已经是拉拢屈原，让其劝说楚怀王废长立幼、废嫡立庶的时候了。

（三）

祭祀过后，屈原又全身心地投入到变法工作去了。随着新法工作逐渐深入，楚国急需制定一部万法之法，即《宪令》。以今天的眼光来看，《宪令》基本上相当于今天的《宪法》。它是一国的根本大法，所有的法律和行政条令都要以其为依据。

在没有宪法的年代里，当权者执法时都没有统一的参照标准，他们处理一切国家事务都以个人意志为准则。很显然，这种以个人意志为准则的执法标准存在着很大的缺陷，即每项法令都很难持久地进行下去。最有力的例子就是：吴起一死，他制定的新法就被废除了。

熟知各国历史的屈原敏锐地意识到了这一问题。因此，当新法逐渐深入之时，他就开始考虑制定《宪令》的问题了。祭祀湘君的活动过后不久，他就来到王宫，求见楚怀王。

楚怀王立即将屈原宣入大殿，并问屈原：

"爱卿来见寡人有什么事情？"

屈原看了看怀王左右的侍从，欲言又止。楚怀王会意，向左右挥了挥手，命令道：

"你们先退下吧！"

等侍从走远后，楚怀王笑着说：

"爱卿，现在可以说了吧！"

屈原向上深深一躬，低声说道：

"请大王赎罪，臣并非不信任大王的侍从。只不过，臣此次上奏之事关乎国家机密，不能让第三人在场。"

楚怀王走到屈原面前，拉着他的手说：

"爱卿做事周密，何罪之有？有什么话，但说无妨！"

屈原这才把他制定《宪令》的打算说了出来。楚怀王闻言大喜，朗声道："此乃利在千秋之大业，应当立即着手进行。这些年来，爱卿推行新法颇有成效，寡人就将这项工作交给你吧。"

屈原忙肃然道：

"臣领命。"

君臣二人将要分手之际，楚怀王低声嘱咐道：

"爱卿，《宪令》乃国之机密，在诏示天下之前，不得泄露于任何人，以防节外生枝。"

屈原明白，怀王是担心子椒、靳尚一伙顽固派破坏宪令，因此他立即回答说：

"请大王放心，臣一定遵照大王的吩咐行事。"

拟订《宪令》是一项十分艰巨的任务，屈原不敢有丝毫马虎与掉以轻心。回到左徒府后，他就把自己关在书斋之内，整日埋身于书山简海之中——食于斯，睡于斯，工作于斯，不分晨昏昼夜，一味只在攻读笔耕。饿了，啃几口干粮；困了，曲肱而枕，伏案而眠，一任面容

憔悴，脱皮掉肉，全然不顾……

传说，屈原为了体验牢狱之中的真实情况，竟然隐姓埋名，装扮成囚徒进了郢都的监狱。监狱里的条件十分恶劣，地狭人多，人满为患。屈原所在的牢房总共不过一丈见方，无牖无窗，只有一扇小小的木栅门，但却监押着几十名罪犯。白天，犯人们都坐着、站着，占的地方小，但到了夜晚就成了灾难，犯人们彼此相挤、相压、相撂，你枕着我的腿，我躺着他的腰，毫无回旋的余地，屎尿皆闭于其中，与呼吸并饮食之气相混杂，令人难以忍受，故每夜均有窒息者，少则三五人，多至十几人。

牢房里最怕疾病传染，也最容易传染疾病，每当流行病传染时，患者相继倒地，外运不迭，死者相倚相累，堵塞门户。狱卒命犯人帮忙往外抬死者，不少犯人常常走着走着就猝然倒地身亡，令人不寒而栗……

刚进监狱时，屈原很纳闷，为什么这里关了这么多的犯人呢？他平时没见多少人犯罪啊！时间一长，他就明白了。原来，士师、胥吏、狱官、禁卒，均以此谋利，关押的犯人愈多，他们获利愈丰，因而稍有牵连，便千方百计地捉拿监禁，这样一来，犯人岂能不多！

而犯人一旦入狱，狱吏等根本不问他们是否有罪，一律给他们戴上手铐脚镣，锁进老监，然后对其进行敲诈，再根据犯人出钱多少分别对待。出资最多者，不仅可以脱去刑具，还能移至监外板屋居住；一贫如洗，连一滴油水也难挤出者，不仅刑械决不稍宽，还施用种种手段进行折磨，立标准以警其余。同案入狱，主谋和重罪者，出居于外；轻罪和无罪者，反而严刑折磨，遭受非人的待遇。这些人积忧成疾，寝食违节，一旦染病，又无医药，侥幸生活者，百不及一。

数月之后，屈原虽吃了许多皮肉之苦，但对楚之司法系统和监狱中的黑暗腐败现象却摸得烂熟，《宪令》已经成竹在胸。于是，他便向狱卒亮明了自己的身份，光明正大地走出了牢房。

回到左徒府后，他不顾伤痕累累的身体，立即扎入书斋，一心扑在草拟《宪令》的工作当中。

（四）

一天，屈原正在书房草拟《宪令》，下人在门口报告说：

"南后遣人来请大人进宫。"

屈原头也不抬地问道：

"来人可说了南后请我有什么事？"

下人回答说：

"不曾说。来人只说，南后说了，让大人火速进宫。"

屈原虽然心里狐疑，但还是放下手中的刻刀，锁好房门，乘车到王宫去了。

此时，郑袖早已打扮得花枝招展，等着屈原的到来。屈原刚进南宫，郑袖就向侍从们挥了挥手，吩咐道：

"这里没有你们的事情了，下去吧！"

众人退下后，郑袖缓步走到屈原面前，微笑着说道：

"这里没人，何必如此拘谨呢？"

屈原仍然保持着十分礼貌的姿势。郑袖笑了笑，接着说：

"我有一件好事要成全左徒大人，希望大人不要推辞。"

屈原恭敬地说：

"请南后吩咐。"

郑袖缓缓说道：

"当朝令尹子椒已经年老昏聩，不再适合担任要职。左徒大人虽然不是令尹，但这些年来却在实际上承担着令尹的职责。难道你就不想名至实归吗？"

闻听此言，屈原的头"轰"的一声，浑身的每一根神经霎时绷得紧紧。过了半晌，他才明知故问地说：

"南后之言令微臣莫名其妙，祈请明示！"

郑袖阴沉着脸，这一次，她既不掩饰自己的观点，也不吞吐其词，

而是一字一句、字字千钧地说道：

"左徒大人不必如此紧张，且听我慢慢道来。大王虽然春秋正盛，但早晚有驾崩的一天。如今，我儿子兰虽然只是一个小小的上官大夫，但却深得大王的宠爱。如果左徒大人愿意劝说大王改立太子，一旦子兰继位，你就不是名正言顺的令尹了吗？"

南后既然将观点亮明，屈原反倒变得沉着稳健起来了。他既不笑，也不语，仿佛正在深思熟虑，以决定进退取舍。郑袖用力拍了拍手掌，两位宫娥应声拥门而入，各自手托一个硕大的银盘，陈于屈原面前。屈原定眼一看，盘中尽是价值连城的金银宝器。

郑袖指着盘中的珍宝，对屈原说：

"只要左徒大人肯助我一臂之力，这些就都是你的了。"

屈原看了盘中的东西后，反而淡淡一笑，坚决地说：

"恕微臣不能从命。废立乃国之大事，需由大王裁决定夺，岂是屈原一介腐儒所能左右的事！"

说完，屈原向郑袖深施一礼，扬长而去。

郑袖对屈原的离去十分气恼，当晚趁怀王在其他妃嫔那里就寝之机，秘密将靳尚宣到宫中。

据荆楚一带的民间传说，靳尚相貌丑陋，仪表鄙俗。而更加可恶的是，此人阴险狡诈，爱财如命，将个人利益看得高于一切。

不过，靳尚身上也有许多他人无可比拟的长处。且不说靳尚家世显赫，根基深厚，就与楚怀王的关系而言，满朝之中除了屈原，恐怕再也没有人能与其媲美了。楚怀王登上国君宝座后，对靳尚十分恩宠。而靳尚仗着楚怀王的宠爱，有恃无恐，久而久之便养成了居功不凡、傲慢群僚的恶习。屈原被楚怀王任命为左徒后，靳尚的心里一直不服，总想刁难屈原，只是一直没有找到机会罢了。

靳尚见郑袖深夜宣自己进宫，知道必有要事相商，不敢怠慢，立即秘密来到宫中。靳尚为什么会如此听郑袖的话呢？

原来，靳尚早已与秦相张仪互相勾结。张仪利用靳尚爱财如命的弱点，经常派人给他送一些金银珠宝，以套取楚国的重要情报。这一切，楚怀王自然一无所知，但南后郑袖却在机缘巧合之下知道了这个秘密。

首次惊闻这一消息时，郑袖义愤填膺，迫不及待地想向怀王告发靳尚，铲除这个叛国逆贼。但一想到儿子子兰，郑袖突然改变了主意。靳尚既然可以为张仪所用，同样也可以为她郑袖所用。而且，张仪利用靳尚需要以金银开路，但她要利用靳尚，则只需要这一个秘密就够了。

因此不久，郑袖就暗示靳尚，她已经掌握了他和张仪秘密往来的确凿证据。靳尚大惊，从此便成了郑袖忠实的走狗。

传说，屈原和几名村民路经深山，不幸遭遇巴蛇（传说中的大蛇，能吞食大象）。众人皆以为必死无疑，但那巴蛇不但没有伤害他们的意思，反而还为众人开路，护送众人出山。村民这才明白，巴蛇是天神派来保护三闾大夫屈原的。

第十二章　南后进谗

曾不知路之曲直兮，南指月与列星。

——（战国）屈原

（一）

郑袖将见屈原的事向靳尚描述了一遍，靳尚见郑袖对屈原由爱生恨，不觉眉飞色舞起来。郑袖冷冷地看了靳尚一眼，问道：

"大人为何如此兴奋？想必是已经有了对付屈原的办法了吧？"

靳尚故作神秘地说道：

"天机不可泄露！"

郑袖怒道：

"你和我卖什么关子！快说，你有什么计策？"

靳尚狡黠地一笑，缓缓说道：

"虽然屈原严守机密，谁也不知道《宪令》的内容是什么。但屈原正在制《宪令》这件事，满朝文武却几乎无人不知，无人不晓。《宪令》是国家的根本大法，在正式公布前，除了大王，其中的内容不能透露给任何人……"

郑袖不耐烦地说：

"这个我自然知道。但这和对付屈原有什么关系呢？"

靳尚压低声音说：

"倘若在屈原将《宪令》送呈大王之前就有人知道了其中的内容，结果会如何呢？"

郑袖不假思索地说：

"大王必定会治屈原一个泄密罪。泄露国家机密，不仅要被杀头，甚至要株连九族。这一点，想必大人比我清楚。"

郑袖的第一句话是针对屈原说的，下面两句则是说给靳尚听的。她的言外之意是：你最好不要跟我要花招，你可有把柄在我手中呢！

靳尚听了这话，吓得冷汗连连。他连忙向郑袖表忠心说：

"臣对南后一片忠心，日月可照，天地可鉴。"

郑袖舒缓了语气，安抚靳尚说：

"我与大人是同一条船上的人，怎么会不相信你呢？"

靳尚松了口气，斜眼看了看郑袖，低声说道：

"请南后放心，臣一定不会让你失望的。"

第二天，靳尚就派人放出风声，说屈原日夜为国操劳，累得一病不起，正在府中养病。一些大臣闻讯大惊，慌忙赶往左徒府看望屈原。当时，草拟《宪令》的工作已进入尾声，屈原每天都保持着高强度的工作。

对于众人的来访，屈原不胜其烦，但又不好辜负别人的好意，只能一遍一遍地解释说：

"我并没有生病。我想，这大概是大家太关心我了，才会以为我生病了。"

有一天，屈原正伏在几案上聚精会神地修改着最后几项条款。书房靠南窗摆着一张琴桌，七弦琴旁有一盆盛开的秋兰，散发着阵阵幽香，显得古朴而典雅。突然，一名下人慌慌张张地来到门口，不安地说：

"大人，靳尚大人来访，怕是不会有什么好事。"

屈原一听这个名字，心里立即警觉起来。他急忙将《宪令》草稿卷起来，置于不显眼的书堆中。正当这时，靳尚已经来到书房门前。一名下人急忙上前拦住他，说道：

"大王有令，除了左徒大人之外，任何人不得进入书房。"

靳尚故意提高声音喊道：

"左徒为国日夜操劳，身染重恙，作为同朝为官的臣僚，特携重礼来探，岂有不见之理……"

屈原藏好《宪令》草稿后，急忙来到门前，责怪下人说：

"怎能对靳大人如此无礼！还不赶快下去！"

说着，屈原又转向靳尚，拱手行礼道：

"大王另有差遣，近来我极少出门，朝中诸事，全赖大人与令尹等人操劳，屈原实在是于心有愧……"

狡猾的靳尚深知屈原很难对付，便皮笑肉不笑地说：

"左徒大人为国制订《宪令》，朝中之事我等理当多做些。"

屈原听到靳尚提到《宪令》，心里不禁打起鼓来，看来靳尚此来真的与《宪令》有关，自己得好好防备他。

想到这里，屈原马上装出一副笑脸，对靳尚说：

"请大人到会客厅用茶。"

靳尚摆摆手道：

"不必了，不必了。左徒大人的书房布置得清雅有序，不如就在书房里坐坐吧。"

屈原无奈，只好领着靳尚进了书房。

（二）

屈原和靳尚在书房中闲聊了一会儿，便没了话题。靳尚装作漫不经心的样子，安闲地站起来踱了几步。然而，他的双眼始终盯着书架，似乎在找着什么。突然，他的目光停在了掩在书堆中的《宪令》上。

趁屈原不注意，靳尚快步上前，一把将《宪令》攥在手中，嬉皮笑脸地说：

"此为何物？怕是左徒的新诗作吧？待下官先睹为快。"

103

屈原一见，立即窜过去，抓住靳尚的手腕，直言不讳地说：

"此非屈原诗作，乃是《宪令》的草稿。"

靳尚双眼眯成了一条缝，笑着说：

"《宪令》草稿？下官正要拜读领教呢。"

屈原紧紧将《宪令》抓在手中，冷冷地说：

"大人身为朝廷大员，应该懂得楚国的法令。《宪令》在公诸于众之前，乃国之特大机密，除了大王之外，谁也不得过目！"

靳尚乜斜着双眼，狡黠地一笑，说道：

"《宪令》的条文连平民百姓都能倒背如流，这该不是左徒讲出去的吧？"

屈原见靳尚连这等无赖的话都说的出来，也就不愿理他了。他将《宪令》夺过来抱在怀中，快步向外走去。

老奸巨猾的靳尚见夺稿不成，遂哈哈大笑道：

"左徒真乃楚之忠贞不二之臣，令下官敬佩得五体投地。刚才下官不过是想试试左徒大人罢了！"

屈原停下脚步，回头道：

"大人这个玩笑未免开得太大了吧！"

靳尚碰了一鼻子灰，只好灰溜溜地离开左徒府。他来到南宫，如实地向郑袖讲述了在左徒府的遭遇。郑袖听后，肺都要气炸了。

正在靳尚与郑袖联手对付屈原之际，列国之间的形势骤然紧张起来。公元前312年，秦惠文王听从司马错的建议，出兵攻打蜀国等周边小国，迅速占领了汉中和巴蜀之地。如此一来，秦国的土地和人口增加了一倍有余，实力更加强大。而韩、赵、魏、燕、齐等国却在此时因为内部矛盾而打了起来。秦国日益强大，东方的合纵国家却内讧不断，这对楚国来说无疑是极大的威胁。

无奈之下，楚怀王只好暂时放弃拟制《宪令》的工作，派屈原使齐，以结强邻，共抗秦国。对郑袖、靳尚来说，屈原使齐正是他们施展阴谋的大好时机。

一天，正为秦国不断东侵愁闷不已的楚怀王来到南宫。郑袖慌忙整理衣装，迎了出去。楚怀王拉着郑袖的手，叹气道：

"关键时刻只有爱妃和屈左徒能为寡人分忧啊！"

郑袖趁机道：

"大王圣明。这些年来，楚国面貌为之一新，这都是左徒大人推行新法之功啊！"

楚怀王听了这话，心里隐隐不快。他想：

"楚国面貌焕然一新确实有屈原的功劳，但寡人也功不可没啊！怎么都成了他一个人的功劳呢？"

郑袖见楚怀王脸上露出不悦的神色，又继续挑唆道：

"数月来，屈左徒忙于联络山东诸国，共对强秦，也不知那制《宪令》一事进展如何了？"

听了这话，楚怀王忽然非常生气，大声喝道："草拟《宪令》一事乃是国家机密，你一个妇道人家是如何知道的？"

郑袖故意装出一副害怕的样子，惶恐地说：

"臣妾该死，臣妾该死！我不该过问朝中之事。"

楚怀王追问道：

"快说，你是如何知道草拟《宪令》之事的？"

郑袖故意装得很害怕的样子说：

"满朝文武已经都知道这件事了。臣妾听说，屈左徒为了炫耀自己的功劳，到处跟人家说：'除了我屈原之外，还有谁能完成草拟《宪令》这样重大的任务呢？恐怕连大王都不能吧！'"

楚怀王一听，大怒道：

"屈原真是这样说的？"

郑袖回答说：

"臣妾也只是听别人说的。至于屈左徒是怎样说的，臣妾就不知道了。"

听了郑袖的一番话，楚怀王沉默了。屈原真的会是这样的人吗？他已

经贵为左徒了，还有什么不满的呢？为什么要居功自傲，目中无人呢？

<h1 style="text-align:center;">（三）</h1>

联齐抗秦之事尚没有眉目，这又平添了一桩心事，楚怀王的精神日渐萎靡，竟开始有意逃避朝政了。不可否认，楚怀王自从继位以来，一直都在努力振兴楚国，企图恢复楚武王和楚庄王时代的霸业。可惜的是，这位有着远大抱负的君王却不具备与其抱负相匹配的能力。这也就是人们常说的志大才疏。更加致命的是，楚怀王不但目光短浅，而且还十分贪婪。张仪欺楚就是一个明证。

楚怀王的逃避在客观上加速了郑袖和靳尚陷害屈原的进程。一天，楚怀王为了排解心中愁闷，宣宠臣靳尚进宫下棋。君臣二人相对而坐，一边下棋，一边聊着些风月之事。突然，怀王想到了屈原，他皱着眉头，叹道：

"四境未安，《宪令》未定，大臣们又与寡人离心离德，寡人真是心力交瘁啊！"

靳尚听了怀王这话，心下暗喜。他猜想，郑袖肯定在怀王面前说了屈原的坏话，否则一直对屈原宠爱有加的怀王不会突然暗示屈原与其离心离德。

靳尚故意装出一副漫不经心的样子，笑道：

"依臣推想，屈左徒之《宪令》怕是早已制定完毕……"

楚怀王听了靳尚的话，又联想到郑袖的话，全身的神经都绷了起来。他急切地问：

"爱卿此话怎讲？"

"这个……"靳尚故作犹豫，欲言又止，"事关重大，臣不敢妄言。"

楚怀王鼓励说：

"爱卿有话不妨直说！"

靳尚默然良久，似在进行激烈的思想斗争，最后终于下定了决心

似地说：

"大王请想，倘若《宪令》尚未制成，怎会有人知道《宪令》的内容呢？据臣所知，《宪令》的内容已经成了百姓茶余饭后的谈资了。"

"啊，竟有此事！……"怀王大吃一惊，几乎是被一股巨大的力量弹起了坐席，双目圆睁，脸色铁青，怒不可遏地将几桌踢翻，气冲冲地踏着满地乱滚的黑白棋子走来走去。

见时机成熟，靳尚又火上浇油地说道：

"《宪令》系国之根本大法，未经大王裁决，便近播远扬，这屈左徒也太目无尊长了！"

楚怀王怒气冲冲地望着窗外，自言自语道：

"屈原啊，屈原，寡人待你不薄，你为何要如此对待寡人呢？"

靳尚又趁机进谗说：

"臣听说，左徒大人早已将自己视为当今天下之圣人了。他曾不遗余力地诋毁大王，诬大王昏庸无能，无主见，耳根子软，贪恋酒色。大王命屈平拟法，每一法出，屈平必夸耀其功，言当今之楚，欲拟法，除了他屈原之外再也没人能够胜任了。更有甚者，他竟贪天功为己有，胡说什么无屈原，便无荆楚今日之强盛；无屈原，便无山东六国之合纵；无屈原，便无联兵伐秦之壮举……"

怀王听到这里，再也按捺不住内心的怒火了。他双手猛地砸向棋盘，大声道：

"这屈原欺人太甚！寡人一定不能轻饶他！"

按理说，屈原一直是楚怀王的宠臣，不可能因为一两个奸臣的谗言而获罪。但不可忽视的是，郑袖和靳尚这两个向楚怀王进谗之人的影响力太大了。从此之后，楚怀王对屈原的态度发生了微妙的变化，由信赖到怀疑、到戒心、到防范、到厌弃和疏远……只不过，考虑到列国之间紧张的局势，而且屈原还能发挥其他人无法替代的作用，楚怀王只能暂且维持着这种面和心不和的局面。

正当屈原使齐之际，秦将魏章率部大举入侵楚国。与此同时，韩、魏两国也趁机对楚国用兵，企图从中渔利。在三国大军的联合打击下，楚军大败。楚怀王大惊，慌忙遣使前往秦军营中求和。

楚怀王表示，秦军业已攻占的土地，他一寸也不要。除此之外，他还情愿再割两座城池给秦国。魏章立即派人回咸阳请示秦惠文王。

秦惠文王略一沉思，批示说：

"寡人愿意退兵，而且不要楚国再割新城，而且寡人还愿意用汉中之地换取楚国的黔中之地。"

魏章立即派人将秦惠文王的意见转告楚怀王，焦头烂额的楚怀王一听，马上回答说：

"寡人不要秦王用汉中的土地来换黔中，只要秦王愿意把张仪送到楚国来，寡人情愿将黔中之地奉送与秦。"

秦惠文王得知这一消息后，立即召集群臣商议对策。一些嫉妒张仪的大臣进谏说：

"以一人换取黔中数百里膏腴之地，这太划算了。"

秦惠文王沉思片晌，回答说：

"张仪乃寡人的左膀右臂，天下哪有人因贪恋土地而砍掉自己肩膀之人？"

张仪听了这话，立即跪在秦惠文王面前，感激涕零地说：

"臣请往楚！"

秦惠文王说：

"楚王对爱卿恨之入骨，爱卿此去必死无疑啊！"

张仪视死如归道：

"舍我一人，换回黔中数百里沃野，此乃臣之幸也，况且楚王未必杀臣，臣岂能怯而不往也！"

秦惠文王问道：

"莫非爱卿已有锦囊妙计在胸了吗？"

张仪狡黠地一笑，回答说：

"臣在楚国有一个内应，此人定能帮助臣脱离险境。"

秦惠文王问道：

"爱卿的内应是谁？难道他能说服楚王？"

张仪回答说：

"方今天下，除了此人，再也没有人能够说动楚王了。他就是靳尚。"

秦惠文王大喜道：

"如果靳尚愿意在楚王面前进谗的话，爱卿一定会平安归来的。"

但秦惠文王还是有些不放心地说：

"可万一靳尚不愿帮助爱卿呢？不行，为了爱卿的安全，寡人必须让魏章领兵驻守汉中，密切注视楚王的一举一动。万一有什么风吹草动，寡人就令他长驱直入，直捣郢都。"

　　屈原被放逐的途中，遇到盗贼。然而当贼首得知面前的这位形容枯槁的汉子便是三闾大夫时，羞愧得无地自容，"扑通"一声长跪于地，说道："大夫一心为民，我等却在这里打家劫舍，让人好生羞愧！从此以后，我们再不为盗了。"

第十三章　小人陷害

春兰兮秋菊，长无绝兮终古。

——（战国）屈原

（一）

公元前311年盛夏，张仪在几名随从的陪同下来到楚国。他刚一下车，就被几名身强力壮的士兵绑了起来。张仪也不反抗，似乎一切都在他的掌控之中。当晚，张仪就以重金收买狱吏，走通靳尚。

第二天凌晨，靳尚急匆匆地来到南宫求见郑袖。一见到郑袖，靳尚就如丧考妣，跪倒在地大哭起来。郑袖大吃一惊，急忙问道：

"大人为什么如此哀伤？"

靳尚泣不成声地回答说：

"臣的眼泪是为南后所流啊！"

闻听此言，郑袖不禁一怔，问道：

"大夫此言何意？请言其详！"

靳尚故弄玄虚地说：

"南后不久就要被大王抛弃了。"

郑袖感到莫名其妙，不耐烦地说：

"大人此话怎讲？愈讲愈让人感到莫名其妙了！"

靳尚也不生气，慢条斯理地说：

"昨日张仪来楚，为大王所囚，现正监押死牢，不日即将斩首示众。一旦张仪被杀，不但大王对南后的宠爱不再，上官大夫的地位也将不保。"

郑袖不解地问：

"大王处死张仪和我们有什么关系？"

靳尚缓缓说道：

"看似没有关系，其实关系大得很呢！秦王素来宠信张仪，怎么会眼睁睁地看着张仪死掉呢？臣听说，秦王已经秘密遣使来到郢都，欲将自己的亲生女儿嫁与大王为正宫，再选秦宫中能歌善舞之美女赠大王为嫔妃，以赎张仪之罪。南后还记得魏美人之事吗？一个魏美人好对付，倘若有十个、百个魏美人又将如何对付？秦宫所来，皆绝色佳丽。试想，届时南后还能独享大王的宠爱吗？南后失宠，上官大夫又如何能保住今日之高位呢？"

说着，靳尚又大哭起来，而且越哭越伤心。

郑袖闻听，惊若五雷轰顶，心颤语急，两手相搓道：

"这，这可如何是好……"

靳尚见郑袖上钩了，心下暗喜。突然，郑袖跪倒在地，哀求靳尚说：

"请大人救我们母子啊！"

靳尚连忙扶起郑袖，难为情地说：

"臣哪有这么大的本事啊！"

郑袖又哀求道：

"方今天下，除了大人之外，恐怕再也没有人能救我们母子了。"

靳尚沉默了半晌，叹了口气，勉为其难地说：

"既然南后如此信任靳某，靳某愿效犬马之劳。"

郑袖一听，立即转忧为喜，轻声问道：

"大人可有什么好的计策？"

靳尚沉思了一会儿，然后说道：

"补救的办法倒不是没有，只看南后愿不愿意配合了。"

郑袖忙道：

"你我早已是同一条船上的人了，还谈什么愿不愿意配合呢？"

靳尚这才说道：

"大王素来重地轻人，南后何不劝大王放回张仪。张仪既归，秦王就不会再以美女相赎了。张仪谢南后救命之恩，日后必甘为南后所驱驰，南后实现宏愿，岂不是易如反掌了吗？"

郑袖一听，这个办法可行，当即重谢了靳尚。

当晚，楚怀王到南宫就寝，郑袖整晚都闷闷不乐，一副心事重重的样子。怀王不快地问：

"爱妃有什么烦心事？为何如此愁眉不展？"

郑袖故作为难地说：

"大王欲以地换张仪，地未入秦而张仪先来，秦有礼于楚也。现在秦军仍驻汉中，大有并吞荆楚之势。在此情况下，大王倘杀张仪，激怒秦王，必招致杀身灭国之祸，你我夫妻不久即将分手，各自身首异处，亦未可知。每每想到这些，臣妾就悲从中来，不能自已。"

怀王沉默了好一会儿，幽幽地说：

"如此说来，张仪杀不得啊！"

郑袖回答说：

"杀不得。臣妾听说，为人臣者，一定要尽心尽力辅佐君王。张仪久为秦相，为秦而欺楚，也没什么错。如果大王赦免了张仪的罪过，放其归秦，张仪必感大王再造之恩。说不定，他还能成为大王在秦国的耳目呢！"

此时的楚怀王已经丧失了主见，几乎事事都听郑袖和靳尚的，因此当即对郑袖说：

"如果不是爱妃及时提醒，寡人几乎酿成了大错啊！这样吧，暂且把张仪收押在监，以后处理吧！"

（二）

第二天一早，郑袖就秘密派人去见靳尚。靳尚一听怀王决定暂且不杀张仪了，知道事情已经成功了一半。当天，他就来到王宫，对楚怀王说：

"臣不得不冒死提醒大王一件事。"

楚怀王诧异地说：

"爱卿为何这样呢？有话不妨直说，寡人一定不会怪罪你的。"

靳尚这才装作一副忠心耿耿的样子，对怀王说道：

"启禀大王，张仪杀不得啊！"

"哦？"楚怀王一听靳尚这样说，不解地问，"爱卿说说看，为何杀不得？"

靳尚缓缓说道：

"大王杀张仪，无损于秦，但却有害于楚。如果秦国得到了黔中数百里之地，便对楚国形成了包围之势。到时候，秦军就可以从三面出击攻打我楚国了。试想，单是西北一路秦军，我军便已毫无招架之力。如果再多两路的话，郢都可能都不保啊！"

楚怀王恍然大悟道：

"多亏爱卿提醒，否则楚国的大好江山岂不是要毁在我的手里？"

靳尚趁机又进言道：

"臣建议大王放了张仪。如此一来，黔中可保。楚国有了黔中这道屏障，定能立于不败之地。"

就这样，楚怀王在郑袖和靳尚的连番劝说下改变了主意，不但释放了张仪，还送给了他很多礼物。

张仪自然不会放过这个可乘之机，立即向怀王展开了攻心战。他对怀王说：

"秦，四塞之国，进可攻，退可守，尽得地利。而且，如今的秦国居天下之半，雄兵百万，粮积如山，严法明令，将善战，兵不惧死，

可谓如日中天。大王欲合纵抗秦，岂不是驱羊入虎口？"

楚怀王犹豫了一会儿，缓缓说道：

"寡人不能认同相国的说法。"

张仪哈哈大笑道：

"当今之天下，非秦即楚，非楚即秦，秦楚为敌，犹两虎相斗，必不俱生。况且秦已吞并巴蜀，楚若以秦为敌，秦师便循岷山东下，同时兵出武关南进，两路夹攻，楚军岂能抵挡？届时，秦挥师东进，长驱直入，不足三个月就能攻下郢都，而五国兵援楚却需半年之久，援兵未到，秦已灭楚，远水难救近火矣。以往的事实已经证明，合纵不足恃，强秦不可拒。倘大王肯纳吾谏，吾请秦太子入质于楚，楚太子入质于秦，秦楚永结兄弟之好，岂不美哉！"

楚怀王虽然没有马上答应，但心中暗想：

"这倒是一条妙计。有秦国太子在手，秦王投鼠忌器，肯定不会随意对楚国用兵的。"

想到这里，楚怀王便同意了张仪的建议，准备与秦国结成联盟。不久，他就遣使臣备车百辆，载重礼敬献秦王，放张仪返回了秦国。

张仪走了没多久，屈原就从齐国回到郢都。他听说怀王放走了张仪，气得捶胸顿足。他真想愤然转身离去，任楚王随意非为，从此永不再见这位糊涂的君王。然而，国事，民利，天下事，重担在肩，早就以身许国的思想家、政治家屈原，怎么能够如此义气用事呢？因此，他极力控制着自己的情绪，来到王宫进谏。

楚怀王见到屈原后，再也不像以前那么热情了，而是冷冷地说：

"爱卿此番使齐，一路辛苦了！"

屈原深施一礼，语气凝重地说：

"只可惜，臣辛苦换来的成果已被张仪毁掉了。昔者大王受张仪之欺，丧权辱国，亡将失地，生灵涂炭；如今，张仪来楚，臣以为大王必杀其头，烹食其肉。万没料到，大王不仅不治张仪之罪，反而信其邪说，背纵离约，事奉仇敌。此乃黎庶鄙视之举，今大王为之，岂不让百姓心寒，天下共愤吗？"

楚怀王一听屈原是在指责自己放了张仪这件事，大怒道：

"你这是在责怪寡人吗？"

屈原不满地说：

"臣不敢！"

楚怀王挥了挥手，淡淡地说：

"既然如此，你还是速速退下吧！"

屈原受到了楚怀王训斥，心中十分难过。他不明白，才短短几个月的时间，楚怀王怎么对自己的态度会发生如此大的变化呢？

（三）

屈原内心的谜团还没有解开，接下来又发生了一件更让他想不明白的事。屈原回到郢都的第二天，南后郑袖就派人来请他入宫，说是为他接风洗尘。

接到郑袖的邀请后，屈原想：

"何不趁这个机会好好和她沟通一番，劝她放弃废长立幼的阴谋呢？"

就这样，屈原来到了南宫。但一进门，屈原就发现情形有些不对。南后既然要为他接风洗尘，自然会准备些酒水，但眼前除了浓妆艳抹的郑袖和几个宫娥之外，什么也没有。

屈原快步上前施礼，说道：

"臣屈原拜见南后。"

郑袖挥了挥手，轻声道：

"不必多礼，左徒大人使齐辛苦了。"

屈原尴尬地笑了笑，回答说：

"可惜百日之功毁于一旦啊！"

郑袖冷冷地说：

"左徒大人这是在怪大王啊！"

屈原忙惶恐地说：

"臣不敢。"

屈原没有注意到，就在他和郑袖说话的时候，几个宫娥悄然退了出去。过了一会儿，门外响起了一阵急促的脚步声。郑袖听到脚步声后，突然拔掉自己头上的簪子，撤开衣襟，歇斯底里地喊道：

"放开我，放开我！"

看着郑袖反常的举动，屈原愣住了，甚至有些不知所措。就在这时，楚怀王在一群宫娥的簇拥下走了进来。

郑袖一见到楚怀王，立即像一只受惊的小猫一样，窜入怀王的怀中，大声哭泣道：

"大王，您可要为我做主啊！左徒大人，左徒大人他……"

楚怀王一见眼前的情形，立即指着屈原怒斥道：

"大胆屈原，寡人一向待你不薄，想不到你竟敢调戏寡人的爱妃！"

屈原这才明白，自己是中了郑袖的奸计。他本来想向怀王解释，但眼前"事实"俱在，还有什么好解释的呢？他仰头向天，长叹道：

"我屈原一生谨慎，想不到最终还是逃不过小人的算计！"

楚怀王继续斥责道：

"小人的算计？你是在骂寡人，还是在骂寡人的爱妃？屈原，你死到临头了，还不知醒悟吗？"

郑袖本来是想置屈原于死地的，但见楚怀王真要处死屈原时，她又动了恻隐之心。她趴在怀王的怀中，哭泣道：

"大王，左徒大人虽然有罪，但罪不至死！请大王顾念左徒昔日之功，饶他不死吧！"

楚怀王低头看了看怀中的郑袖，关切地说：

"爱妃啊，都到这个时候了，你怎么还替这个大胆狂徒求情！"

郑袖低声道：

"臣妾是在替大王的声誉着想。如果大王此时杀了屈原，天下人会说，大王公报私仇，滥杀功臣；如果不杀，天下人则会说大王胸怀宽

117

大，有仁者之风。"

楚怀王点了点头，说道：

"爱妃所言极是。"

说着，楚怀王转向屈原，厉声道：

"看在南后为你求情的份上，寡人就暂且饶你一死。明日早朝，寡人再治你的罪！"

（四）

第二天早朝，楚怀王当着群臣的面宣布了靳尚为屈原罗织的罪名，罢黜其左徒之职。满朝文武无不大吃一惊。他们无论如何也想不明白，一向深受怀王宠信的左徒大人为何会突然获罪，乃至丢了官职呢？

楚怀王见众人议论纷纷，似乎在为屈原鸣不平，心想：

"难道寡人做错了？难道屈原是冤枉的？他调戏南后可是寡人所见啊！不过，不管如何，他都有功于我楚国，在民间也享有很高的威望。如果做得太绝，恐怕会引起百姓的不满啊！"

想到这里，楚怀王又宣布说：

"本来寡人应该立即将屈原驱逐出宫的，但寡人念他昔日之功，暂且委其以三闾大夫之职吧！"

三闾乃是三户之意，即屈、昭、景三个从熊氏分离出来的家族。三闾大夫是管理王族子弟教育和屈、昭、景三大家族祭祀之事的闲职。可以说，这是一个有职无权的官职。从这个时候起，一直到被流放江南，屈原一直担任此职。因此，民间皆以三闾大夫称呼屈原。

由执掌国家内政外交大权到闲置不用，这对屈原来说无疑是个一个沉重的打击。但经过一夜的深思熟虑后，屈原已经做好了充分的思想准备。所以当怀王宣布对他的处置时，屈原表现得异常镇定，从容如初，他只是担心正在推行的新法会因为自己的被贬而夭折。

屈原的担心并不是多余的。几天后，楚怀王就下了一道诏书，宣告

天下：屈原制定的新法一律予以废除。对楚国和楚国的百姓来说，这无疑是一个坏消息。从此之后，楚国迅速走上了衰落之路。

百姓获悉屈原为奸佞所害，个个不平，人人愤恨，成群结队地登门安慰。几日来，屈原食不甘味，夜不安寝，精神萎靡，但是百姓们的关怀、爱戴和激情感染了他，他觉得自己有责任和义务为民尽力，继续进谏怀王。

遗憾的是，屈原已经无法再像从前那样，能够随时见到楚怀王了。一连几次，他都徘徊在王宫门前，请求侍卫让他进入面见怀王，结果都被轰了出来。

在这万般无奈之际，屈原突然想到了做诗。在此之前，屈原每当有新诗问世，百姓和臣僚无不争相传诵；怀王也十分喜欢他的诗，每每读后兴奋激动不已，催他再创新作。因此屈原想：

"何不将我的意愿写成诗，让百姓传诵呢？我相信，大王很快就会知道的。到时候，大王知道了事情的真相，一定会取消先前的错误决定，召我觐见。只要允许我参与朝政，我就能找到对付靳尚这帮小人的办法。"

正是基于这一目的，屈原挥毫做诗，一气呵成，创作了《九章》之首的《惜诵》。惜者，悼惜也；诵，即进谏，屈原在以沉痛悼惜的心情陈述自己因直言进谏而遭谗被疏之事。

在《惜诵》这首诗中，屈原主要是表述了自己忠诚坚直的品德、光明磊落的心迹以及痛惜忧愤的感情，因而将抒情作为主要的表现手法，把心理描写作为描写的重点，尽可能地描述得凄婉鲜明，迭宕回环。

屈原写这首诗的目的固然在于劝谏怀王回心转意，但它的主要读者却是千百万黎庶，因而屈原力求语言的大众化，用了许多妇孺皆懂的词语，诸如"众口铄金""惩羹吹齑""释阶登天""九折臂而成医"之类，可见他时时处处都把民众放在心上。

据说，屈原被放逐后曾躬耕于故乡之野。当时，楚国大荒，屈原忧心不已，落泪不止，继而泣血。结果，他的田里所产之稻皆红梗红穗，穗粒异常饱满，但白米如玉。于是，人们便把屈原躬耕之所称为玉米田。

第十四章　流放汉北

吾令凤鸟飞腾兮，继之以日夜。

——（战国）屈原

（一）

屈原的《惜诵》很快就传到了王宫，但遗憾的是，这首诗并没有唤醒昏庸的怀王。失望的屈原只能一边行使三闾大夫之权，一边密切注视着列国之形势，为自己日后能够参政做准备。

公元前311年，在位27年的秦惠文王驾崩，其子嬴荡继位，是为秦武王（公元前329—前307年，公元前310—前307年在位）。秦武王当太子的时候就与张仪不睦，因此嬴荡刚一继位，张仪就识趣地离开了秦国，避居于魏。次年，张仪便郁郁而终了。

张仪死后，列国形势又发生了新的变化，即合纵的可能性又增大了。公元前309年，一心想当纵约长的齐宣王写信给楚怀王，约其合纵。楚怀王听从大将昭睢等人的建议，绝秦联齐，加入了合纵联盟。

两年后，秦武王与大臣孟说比赛举鼎，不幸折足而亡。武王死后，其异母弟弟嬴稷继位，是为秦昭襄王（公元前325—前251年，公元前306—前251年在位）。秦昭王继位时尚未达到法定的亲政年龄，因而由其母宣太后摄政。宣太后出身楚国王族，一心想要联楚抗齐。在她的努力下，秦楚关系出现了和解的迹象。

公元前305年，宣太后厚赂于楚，楚背齐合秦，往秦迎妇。同年，秦约楚怀王盟于黄棘（今河南省新野县东北），归还楚之上庸（今湖北省竹山县西南），互为婚姻，史称黄棘之盟。贪婪而短视的楚怀王大喜，以为从此可以高枕无忧，便彻底背离了齐楚联盟。

看着楚怀王一步步走向深渊，屈原心急如焚，但又毫无办法。几年里，他吃不下、睡不安，日渐消瘦，精神亦大不如先前，身边的人都纷纷劝慰他说：

"不在其位，不谋其政。大王既然已经罢免了您的左徒之职，您又何必日夜操心劳力呢？"

屈原激动地回答说：

"屈原生是楚国的人，死亦为楚国的鬼。如今国难当头，我岂能故作麻木，默然不问呢？"

众人担心屈原的健康，都希望他能从烦闷与窒息的情绪中解脱出来，因此不断劝他暂时离开郢都，到别的地方去游览一番。屈原又拒绝说：

"国家正处危难之秋，人民正濒临灾难的深渊，我岂能坐视不理，独自一人外出游山玩水呢？"

众人宽慰他说：

"难道离开郢都就是去游山玩水吗？大人不要忘了，您现在是楚国的三闾大夫，理应出走民间，与民相处，察民之情，体民之苦，收集祭祀之歌。"

当时，屈原正在修改祭祀用的《九歌》。据传，《九歌》乃是夏代祭祀之曲，在民间广为流传。身为三闾大夫的屈原见《九歌》十分凄美，便决定修改一番，作为王族祭祀之用。这一次，他觉得众人说得有理，便接受了大家的意见，只身离开郢都，开始了历时四年之久的汉北流浪生活。

约公元前304年初夏，屈原离开郢都，乘车前往汉北。汉北之地大致相当于今天的湖北省郧阳县、淅川县一带。当时，这里已是楚国的

北部边境了，再往北便进入了秦国和韩国的地界。

战国时期，"楚才晋用"十分盛行。张仪是魏国人，却到秦国为相，一心与魏国为敌；苏秦是东周人，但却身挂六国相印……

以屈原在诸国，尤其是齐国的影响力，他离开楚国到其他国家去谋求发展是完全可能的。屈原大概也曾考虑过这一问题。然而，他不愿离开祖国和自己的人民。流浪在汉北的日子里，屈原始终心系郢都，希望楚怀王能够回心转意。他著名的长诗《抽思》表现得就是这一主题。

同样表现这一主题的还有《思美人》。在《思美人》中，屈原以美人比喻怀王，表达了自己思念怀王的真切情愫。全诗一咏三叹，层层递进，委婉中的讽谏，坚定不移的信念，将一颗赤子之心、一腔爱国之情烘托得如铁在炉，如日之东升。可惜的是，屈原的真诚始终没能打动怀王的心。

（二）

流浪汉北的屈原虽然没能唤醒楚怀王，但却找到了一块文化乐土。夏朝灭亡后，它的礼乐被后来相继崛起的商、周两朝的礼乐所替代，《九歌》在中原地区也随之消亡。不过，所谓"礼失求诸野"，《九歌》虽然在中原地区消亡了，但却在一直与中原地区保持密切文化交流的楚地流传下来。

据说，汉北的《九歌》保存得最为完整，这也是屈原离开郢都、流浪汉北的主要原因。在汉北流浪一段时间过后，屈原收集了《九歌》旧诗，并在其基础上创作了新的《九歌》。这里的"九"乃是虚数，也就是说《九歌》并不是由九首诗组成的。屈原的《九歌》共有11篇，除《国殇》、《礼魂》之外，其他九篇都以神话传说为题材。

《礼魂》是乐曲的尾声，也就是《九歌》的乱辞；《国殇》是追悼阵亡将士的诗歌，内容上与其他篇章不同。其他各篇以祭歌的形式各写一神，如《东皇太一》写天神，《云中君》写云神，《湘君》与

《湘夫人》写水神，《大司命》写主寿命之神，《少司命》写主子嗣之神，《东君》写太阳神。

《东皇太一》是《九歌》的第一篇。《史记·封禅书》、《汉书·郊祀志》都说"天神，贵者太一。太一佐曰五帝。古者天子以春秋祭太一东南郊"。由此可知，"太一"即"上帝"的别称，为天下所共祀，并非楚国专祀之神。

这首诗从祭祀开始写起，而后写怎样祭奠、怎样歌舞，一直写到收尾，把带有原始气息的一次郊祀过程生动地再现了出头。从诗中来看，在祭祀时由男巫扮东皇太一，由女巫扮主祭者，女巫独唱独舞，或群巫合唱，祭祀者东皇太一并没有降临。这与其他各篇不同。

《云中君》写祭祀云神。云中君即云中之神，名丰隆，又名屏翳。云中君本为晋国所祀之神，后移植楚国。这首诗祭云神，云与雨密切相关，云神、雨师有时名字也相同。

诗中描写了祭祀云神的场面和祭者的感受，以云彩表现神的品格，写神将降未降，有许多连蜷曲折；既降之后，一瞬间又骤然远去。高清美丽的云神是自然界云的化身，洁白明丽，霞光灿烂，在天空中周流往返，无所不到。古人对于祭云，有祈雨的一面，也有赞美其美丽的一面。

云神降临后不久就离开，来往急速，因此祭祀者们劳心忧思，惟恐祈祷不灵，得不到雨露滋养，所以依恋叹息。

《湘君》和《湘夫人》并不是此时的作品，大概因为主题相类似，屈原才把它们编入《九歌》之中。

《大司命》和《少司命》描写祭祀司命之神的活动。据说，大司命和少司命是主宰人类寿命的两颗星宿。大司命主管人类的生死，所以称为大；少司命专管儿童的命运，所以称为少。

《大司命》祭祀开始，大司命神大开天门，乘云而降，女巫立即逾空桑相迎。然而，大司命瞬降即逝，要去请天帝到人间来，自己不敢擅自作主。主祭女巫对他的离去无限怅惘，设法挽留，终无效验。于

是，在无可奈何之中想出一种解脱办法：

"固人命分有当，孰离合之可为？"

人的寿命既然有一定的限数，那么，与神的聚散又有何关系呢？大司命神的出现实际上所反映的是人们对生命问题的看法，人生无常，随时受到死亡的威胁。而人的寿夭不齐，这个不可理解的问题，就是寿夭之神产生的原因。人们为了长寿延年，怀着虔诚的心情向大司命神祈求福寿，但寿命总要完结。因此，本篇中大司命的形象严肃、神秘而又冷酷，这实际上也反映了人们在寿命问题上无可奈何的心理状态。

《少司命》似乎有一段美丽的神话传说为背景，但因年久失传，现在已经无法知道这个故事的来龙去脉了，因此，人们对这首诗的理解至今分歧较大。祭少司命时，女巫感到少司命之神即将降临，试图告诉他人间自有好儿女，何必为他们的安康愁苦；当少司命降临时，见满堂美人齐舞，唯女巫与他眉目传情。少司命不言不语，一刹时即飞离而去。主祭女巫十分悲哀，从云际候望那已回归天界的少司命。他正乘坐着装饰华美的车子登上天空去除掉彗星，他右手握长剑，左臂抱着儿童，尽心尽职，只有他最适宜做百姓之主。

（三）

《河伯》描写了祭祀河伯的活动。河伯是黄河神，黄河本不在楚境，黄河神也非楚国所祀之神。但到了战国时代，楚国的疆域已扩展到黄河流域南侧，开始祭祀河神。楚怀王曾建沉马祠，每年用一匹白马沉入黄河以享河神，乞求河神保佑楚国能打败秦国。但黄河毕竟只是楚国的边缘，河伯也不是楚国土生土长的神，楚人虽在当时"淫祀"的风气下以抵抗秦国的直接目的祭祀河神，但对河神却没有更多的了解，也没有什么深刻的印象，所以《河伯》中所写的也就只是河神恋爱的片断故事。

《河伯》开始写河伯与洛嫔约会，与她在自己的领地黄河游览、嬉戏，然后他们来到黄河的发源地昆仑山，登高四望，心旷神怡。虽然太阳快下山了，但他们还不愿归去。他们又回到黄河，在小洲上追逐游乐。然而这愉快的时光不能长久，洛嫔该回到她的居住地去了，河伯将她送到南浦，握手言别。孤独的河伯只有层层波涛和群群鱼儿相伴，忍受着"生别离"的痛苦。

《山鬼》写的是山中女神的恋爱故事，细致入微地刻画了多情女子追求爱情时的一往情深和遭遇挫折后的苦恼，形象真实感人，尤其是对山鬼心里活动的刻画，细腻深婉，极为成功。

山鬼精心地打扮自己，以薜荔为衣、女萝为带，她两目含情，喜笑盈盈，体态窈窕，充满了自信，相信恋人会喜欢自己的打扮。她以山兽为驾、山木为车急急忙忙前来赴约，并采了一把野花准备送给自己的心上人。然而来到约会地点后，山鬼却并没看见恋人，于是她登上山顶，居高远望，急切盼望恋人到来，联想到自己韶华将逝，决心以后要十分珍惜这段姻缘。山鬼左等不来，右等不来，开始猜想是不是对方把自己忘掉了，不由地产生出一种怨恨的情绪，但又想到恋人是非常喜欢自己的，可能是没有时间前来约会吧。她在自我安慰中苦苦等待，结果恋人还是没有来，她对恋人是否真心爱她产生了怀疑。女神的真心相思得不到相应的回报，她陷入了极度哀伤的忧愤之中。

《山鬼》抒写了女神从兴冲冲地赴约到久等恋人不来的失望过程的感情活动，缠绵曲折，真切感人，诗中穿插的环境描写，也恰到好处地烘托了这位多情女神的寂寞与凄凉。

《东君》歌颂的是太阳神。太阳神即日神，在古代称"朱明"、"耀灵"。因日出东方，祭祀日神的活动又在东门之外举行，故称东君。太阳神是人世间光明的象征，它每天都降临人间，与人们的日常生活息息相关，因此人们对日神的祭祀就更为热烈。太阳神雄伟壮丽，每天从东方启程：

暾将出兮东方，照吾槛兮扶桑。

抚余马兮安驱，夜皎皎兮既明。

驾龙辀兮乘雷，载云旗兮逶迤。

长太息兮将上，心低徊兮顾怀。

日神的出现，宛如自然界中的东方日出：一轮红日从东方升起，黑夜慢慢退去，大地一片光明。这壮丽热闹的场面，连旁观者都为之神往而忘记回家。

在隆重热闹的祭祀典礼中，太阳神并不降临人间，他在高空中俯瞰人间，表示愉悦之意后就继续履行自己的职责。他从东到西不停地运行着，放射出光和热，造福于人类。

《国殇》是追悼为国捐躯将士的挽歌。全诗18句，分两大部分，前十句直赋其事，把古战场描绘得非常具体。诗人从白热化的战斗开始写起，先写两军对峙，楚军战士奋勇杀敌，士气十足。但终因寡不敌众，渐渐处于劣势。在这种形势下，战士们仍不后退，将军还在击鼓进军。直杀得昏天黑地，楚军战士全部战死，将军被俘。战斗结束了，楚军失败了。

诗人描写的虽然是一次失败的战斗，但不低沉、哀婉，突出表现了楚军战士为保卫家国誓死如归的高大形象。

后面的八句是对楚军将士献身祖国的英雄主义精神的礼赞。楚军战士奔赴沙场，义无反顾，如今血染边疆却无法回乡。他们依然佩带着宝剑、手握着秦弓，首身虽然分离，但心里仍不屈服。他们确实英勇善战，刚强不屈，不可侵犯。肉体虽死，浩气长存，英魂不灭，犹为鬼雄。

诗人从楚军将士"壮士一去兮不复还"的雄心壮志和至死不屈的斗争精神等几个方面热情歌颂了勇武刚强、为国捐躯的英雄，树立了爱国者的英雄群像，慷慨激昂，鼓舞人心。这首诗篇幅不大，内涵十分丰富，风格质朴刚健，句式整齐凝练，与《九歌》其他各篇婉转缠绵的风格形成鲜明对比。

127

《礼魂》一章不是独立的祭祀歌曲，而是写祭祀的收束场面：成礼兮会鼓，传芭兮代舞，姱女倡兮容与。春兰兮秋菊。长无绝兮终古。

总的看来，《九歌》是一组祭诗，也是一组优美的抒情诗。屈原在创作过程中，吸收了大量的民间文学素材，保存了浓厚的民间文学色彩，同时也渗透了自己的思想情感和爱好。

（四）

屈原的另一首长诗《天问》大概也是在流浪汉北的时候所创作。关于《天问》的主旨，历来说法不一。东汉著名学者王逸在《楚辞章句》中说：

"《天问》者，屈原之所作也。何不言问天，天尊不可问，故曰天问。"

也就是说，王逸认为"天问"就是"问天"之意，即向天发问。

唐代著名文学家柳宗元在《天对》中指出，"天问"实际上是借天而问。清代学者王夫之在《楚辞通释》中则认为，"天问"乃是替天发问，问的对象是那些平庸君王、谗佞之臣。

清代的另一位著名学者戴震在《屈原赋注》则说：

"问，难也。天地之大，有非恒情所可测者，设难以问之。"

按照戴震的说法，这里的"天"包括天地间的一切事物，差不多等同于今天所说的客观世界。屈原的《天问》包含的范围也十分广泛，天地之间凡是常情不能理解的问题都在所问之列。从《天问》的内容来看，戴震的说法比较符合实际。

《天问》涉及的内容很广泛，包括神话传说、怪物行事和历史人事等。不过，这些内容并不是无序地罗列在一起，而是通过探求国家废兴存亡的根本道路这一主旨串联起来的。有道则兴，无道而亡，穷兵黩武，拒不纳谏，沉溺淫乐，斥逐贤臣，任用奸佞，是国家败亡的根本。这种思想与司马迁"反天道、重人事"的观点正相一致，因为在

这一点上的共鸣，司马迁才"悲其志"。

《天问》大体上说分为三个部分：第一部分从"曰遂古之初，谁传道之"到"羿焉彃日，乌焉解羽"，问天地的形成，是关于大自然的传说；第二部分从"禹之力献功，降省下土四方"到"易之以百两，卒无禄"，问人事兴衰，是关于社会历史的传说；第三部分自"薄暮雷电，归何忧"到"何试上自予，忠名弥彰"，就楚国历史和时事发问。全篇条理清楚，先问天地形成，次问人事兴衰，最后归结到楚国的现实政治，顺理成章。

《天问》不但保存了丰富的神话、传说和历史的资料，也反映了屈原的思想体系和爱国精神。当代著名学者郭沫若先生在《屈原赋今译》中说：

"通过这篇，可以看出屈原思想的博大和它的性质。屈原毫无疑问是一位唯物的理智主义者，现实的人道主义者。他的宇宙观和人生观，代表他所处的时代的进步一面。"

从艺术成就上来看，《天问》在中国文学史上也是独树一帜。全诗共172句，皆以问句形式出现。虽全是问句，但基本都是有问无答，实际上是诗人借用问句的形式抒发自己内心愤懑的情感，用的都是反问句。

《天问》基本以四字为一行，但杂以三言、五言、六言、七言，以四行为一小节。由于《天问》有错简，也可能有散佚，节、韵已不能完全划一，但总的来看还是极有规律的。正如郭沫若《屈原研究》所说的那样：

"《天问》这篇要算空前绝后的第一等奇文字……以那种主于以四字为句、四句为节的板滞的格调，而问得参差历落，奇矫活突，毫无板滞的神气，简直可以惊为神工。"

从这一点来看，《天问》已经完全摆脱了我国第一部诗歌总集《诗经》四字句的束缚，创制了新的体式。从艺术形式上说，这是对《诗经》的突破性发展，对中国文学的发展影响十分深远。从此之后，一种独特的艺术形式诞生了，它就是楚辞。

传说，屈原投江后，头部被鱼虾啃食了一半。屈原的姐姐（亦有人认为是女儿或学生）见状，便为其打了半个金头。至今，汨罗一带还有"九子不能葬父，一女打金头"的说法。

第十五章　武关之谏

苟余心之端直兮，虽僻远其何伤？

——（战国）屈原

（一）

屈原流浪汉北之时，列国形势再一次发生了微妙的变化。公元前303年，韩、魏、齐以楚国破坏合纵联盟为由，联合出兵南侵。楚怀王大惊失色，立即将太子熊横送往咸阳为质，向秦国求援。秦昭襄王发兵相援，三国不战而退。

公元前302年，韩、魏等国见追随齐国没什么好处，遂转向秦国，准备加入连横联盟。就在这时，入秦为质的熊横捅了一个天大的篓子。他与秦国大夫陆旺的小妾通奸，事情败露，恼羞成怒，竟杀了陆旺。陆旺死后，熊横知道自己闯了祸，便只身逃离秦国，返回了楚国。

秦昭襄王闻之大怒，立即联合齐、韩、魏等国，联合攻楚。诸侯联军大败楚军，楚将唐昧战死，楚国的战略要地重丘也被纳入了秦国的版图。

公元前300年，秦国再次发兵攻楚。楚军不能抵抗，损失惨重，溃不成军，将军景缺也在战斗中阵亡。楚怀王这才意识到，秦国这一虎狼之国不能亲近，要想保全楚国，必须再次联合齐国，组建合纵联盟。他甚至决定把太子熊横送到齐国为质，以达到联合山东诸国共抗强秦的目的。

楚怀王的这一决定无疑是正确的。然而，他多次背叛合纵联盟，齐国还会再相信他吗？楚怀王心里没底。再说，"联齐抗秦"，派谁为使呢？放眼望去，满朝之中根本没人能担此重任，直到昭睢等人提醒他说：

"大王何不召回屈原，让他代表楚国出使齐国呢？"

楚怀王这才想起来，屈原还在汉北流浪呢！屈原多次使齐，与齐国君臣的关系非常融洽。派屈原使齐的话，齐宣王多少还能给他些面子。

正是在这种背景下，屈原结束了在汉北的流浪生活，返回了郢都。屈原这一次使齐的结果并不理想，一方面，他们已经不敢再相信楚怀王了；另一方面，就算再次结成联盟，他们也未必能从秦国的虎口下救出楚国。

经过几年的准备，秦国已在楚国的西部和北部边境布置了重兵，对楚国形成了半包围态势。与此同时，秦昭襄王还在楚国安插或收买了大量的奸细，其中包括靳尚、郑袖等重量级人物。在这种情况下，想要保住楚国简直是妄想。

对于这一点，屈原非常清楚，但他又不能眼睁睁地看着秦国吞并楚国。因此，屈原这一次使齐乃是明知不可为而为之。屈原在回到郢都后，楚怀王大发雷霆，怒斥屈原无能。

与此同时，秦国又加强了对楚国的攻势。公元前299年，秦军再次大败楚军，连续攻占楚国八座城池。应当指出的是，秦军虽然获得了空前的胜利，但损失也不小。秦昭襄王意识到，就秦国当前的实力而言，想从军事上完全击垮楚国尚不现实。与其以损兵折将的代价换来一些蝇头小利，倒不如进行整治诱降。

于是，秦昭襄王便修书一封，派使臣送于楚廷。他在信中说：

"昔者寡人与大王订立盟约，彼此亲若手足。不料大王太子杀寡

人重臣，逃回楚国。按理大王应命太子来秦谢罪，凭你我兄弟之谊，自不会与之计较。然而大王非但没有如此，反而派太子去齐为质，实在让寡人心中不快！本欲重兵严惩，姑念彼此之间乃兄弟加亲家也，为两国人民和儿女大计，还是化干戈为玉帛为好，故遣使致书，邀大王来武关（今陕西省商州市东）会盟，共商恢复两国友好关系之大事……"

读了秦昭王的来信，楚怀王整日愁眉苦脸，心事重重，不知该如何答复秦国的使者。如果应邀赴会的话，万一上当受骗怎么办？秦国仗恃着自己国富兵强，全不讲信义，张仪欺楚便是一个明证。如果拒邀不赴，万一惹恼了秦昭襄王，秦国必会以破坏秦楚兄弟之盟的罪名为借口兴师"严惩"。楚怀王左思右想，怎么也想不出一个两全之策。

（二）

心乱如麻的楚怀王想不出办法，只好召集群臣商议对策。朝堂之上，楚怀王眉头紧锁，问众人：

"诸位爱卿是否有两全之策？"

上官子兰出班奏道：

"启禀父王，儿臣认为您应该应约赴会。秦楚不但是昆仲之国，且有儿女亲家之亲。倘若父王不应约赴会的话，破坏秦楚联盟的恶名就要由我楚国来承担了。如今，秦强楚弱，万一秦王以此为借口，出兵攻伐，我楚国如何抵挡？届时，恐怕楚国数百年的基业就要毁在父王的手上了……"

"上官大夫所言差矣。"上官子兰的话还没说完，昭睢便打断了他，"秦王素来阴险狡诈，言而无信。所谓的武关之会不过是他设置的一个陷阱罢了。不管大王是否赴会，楚国的处境都十分被动。臣认为，大王与其往秦王设置好的陷阱里跳，倒不如加强西部和北部边境的防御力量，严阵以待，也好让秦国知道我们楚国人不是好惹的。"

楚怀王沉思了片晌，叹了口气，问群臣道：

"诸位爱卿还有什么见解？"

群臣立即分成两拨，靳尚等人一致支持上官子兰的意见，认为楚怀王应该应约赴会；屈原、陈轸等人则支持昭睢的主张，认为楚怀王应该以江山社稷为重，稳坐钓鱼台，远离阴险狡诈的秦国人。

昭睢、屈原、陈轸等人建议楚怀王不赴约，完全是在为楚国的利益着想。然而，上官子兰和靳尚则不然。这两个人虽然一个是楚怀王最宠爱的幼子，一个楚怀王最宠信的大臣，但他们却偏偏心怀鬼胎，时刻想置怀王于死地。

上官子兰在他母亲郑袖的煽动下，一心想要借助秦国的强力夺取王位。当时，太子熊横正在齐国为人质，倘若怀王赴会不归，正称了他的心愿，可以不费吹灰之力地将太子和国王这两顶桂冠同时夺到手，戴到自己的头上。

靳尚的阴谋也不小，他也想借助秦国之力杀死怀王，然后拥立上官子兰为楚王。按理说，他在楚国的权势已经不小了，没有必要再冒这个风险。可靳尚并不满足，一心想爬上仅次于楚王的令尹之位。

楚怀王听了两派的意见，一时又犹豫起来。屈原见状，出班奏道：

"臣有话启奏大王，求吾王斟酌三思。秦之狠毒，胜似虎狼，秦之狡诈，有如狐猡，楚屡屡受骗上当，连吃败仗，国土被践踏，人民被蹂躏，士卒遭杀戮，不共戴天之仇敌，岂可与之为伍同群！武关会约，分明是诈术骗局，欲要大王割地送城，大王不允，虎狼之秦岂能罢休？故此行凶多吉少，无异于自投罗网，大王万万去不得，行不得……"

屈原的话还没有说完，楚怀王就冷冷地说：

"寡人早就说过，不准你参与朝政，难道你忘了吗？"

屈原惶恐地回答说：

"臣没有忘记。不过，武关之会事关大王和楚国的安全，臣不得不冒死相谏。"

昭睢也在一旁附和说：

"三闾大夫所言极是，大王还是不去武关为上策。应火速派兵于边

境设防，可保楚之安全。"

怀王听屈原言之有理，一时又犹豫起来。靳尚恐怀王变卦，冲着屈原白了一眼，然后又谦恭有礼地对怀王说：

"屈大夫之言，甚是不妥！楚连吃败仗，丢失山河，关键不在秦之凶狠狡诈，而在秦强楚弱。楚不自量力，偏要与秦为难，以卵击石，岂有不败之理！如今秦不恃强凌弱，主动求和，大仁大义，前所未有，大王切莫错失这天赐良机。以臣看来，楚只有顺从强秦，才能免遭山河破碎之厄运，永保太平。"

楚怀王听了靳尚的一番言论，不禁点了点头。子兰见状，又趁机说道：

"靳大人所言极是。楚与秦，山河毗连，儿女相亲，血缘相通，世上还有比这更亲密的关系吗？秦王约父王会于武关，是为了两国和好，父王切莫听信别有用心之人的蛊惑，误国而害民啊！"

楚怀王斟酌再三，最后还是听信了子兰和靳尚的话，决定应邀赴会，到武关去碰碰运气。

（三）

公元前299年的一天，楚怀王登上马车，准备到武关赴会。屈原见怀王不听劝阻，急得一步抢到车前，两眼流着热泪说：

"秦于西边侵占我大片国土，东边陈师威胁齐之边境，千方百计地欲灭我荆楚。面对虎狼之敌，大王不采取针锋相对的措施，以眼还眼，以牙还牙，反而欲取悦其心，换取和平，这好比绵羊欲求猛虎慈悲，实属痴心妄想！行此路者，自蹈陷阱魔窟也。大王不纳臣谏，只恐怕去时容易回来难啊！"

楚怀王坐在车上，默不做声。一旁的子兰见状，恶狠狠地对屈原说：

"大王远行，一会秦王，二会亲家，故选此吉日良辰登程，三闾大夫说这些丧气话，到底居心何在？"

说着，子兰就命驭手挥鞭启程，屈原则两手紧紧抓住车辕说：

"大王，武关之会是个陷阱啊，臣宁愿死于车轮之下，也不能放大王前去！"

子兰冷嘲热讽地回敬屈原道：

"三闾大夫，说话做事切莫忘记自己的身份与地位！不要忘了，你已经不再是左右荆楚形势的左徒，而是被罢官削职的罪臣。如果不是父王宽宏大量，你早已是个死人了。"

屈原诧异地看着子兰，愤然道：

"上官大夫，你如此卖力地怂恿大王到武关赴会，到底是何居心啊？"

子兰冷笑一声，向身边的两个侍从使了个眼色。侍从会意，快步上前，硬把屈原推倒在地，催着怀王出发了。

毫无防备的屈原重重地摔倒在地，好半天才爬起来。等他跌跌撞撞地挤出人群，奔到宫门外去追赶怀王时，怀王的车驾已经驰出城外，扬尘而去了。

屈原仰天哭道：

"大王啊，此去恐怕就是永别……"

在随后的几个月里，屈原日日都到昭睢的府上打听武关的消息。有一天早上，他刚到昭睢府上，就发觉气氛有些异常。他快步来到会客厅，发现昭睢、陈轸等人都默默无言地坐在那里，脸拉得老长。

屈原隐隐感到是武关出事了，但他依然抱着几分侥幸心理，试探性地问：

"大王那边有消息了吗？"

昭睢将目光缓缓转向屈原，眼里装满了泪水。屈原见状，跑到陈轸面前，摇晃着他的肩膀，大声问道：

"大王怎么了？大王怎么了？"

陈轸强忍着内心的痛苦，一五一十地把事情告诉了屈原。原来，一切果然不出屈原所料，武关之会完全是个陷阱。当时，秦昭王并不在武关，只有一名将军在那里设伏。楚怀王刚到武关，就被秦军士卒软禁起来，绑到咸阳去了。

秦昭襄王骄傲地坐于章台之上接受楚怀王的拜见。楚怀王本来就是个妄自尊大的人，见昭襄王像对藩臣一样接见他，心中不由怒火冲天，但却不敢发作。

屈原听了陈轸的讲述，愣在原地。他一会儿哭，一会儿笑，像是疯了一样。陈轸赶忙站起来，摇着他的手臂，大声道：

"三闾大夫，你怎么了？一定要坚强啊！大王被秦国囚禁了，但楚国还在，还有很多事情等着我们去做呢！"

屈原止住哭笑，抹了抹眼泪，坚定地说：

"大人说得对，还有很多事情等着我们去做呢！"

（四）

昭睢、屈原和陈轸等人听说楚怀王被软禁于秦，个个悲伤不已。然而，怀王的南后郑袖、幼子上官子兰和宠臣靳尚听到这个消息后，无不兴奋得手舞足蹈。在他们看来，篡夺王位的第一步已经实现了。接下来，只要堵住熊横的归国之路，把子兰扶上王位，就算万事大吉了。

一天深夜，郑袖秘密将靳尚召于王宫，商议拥立子兰为王之事。郑袖问道：

"靳大人，按照眼下的局势，你觉得怎样才能把上官大夫扶上王位？"

靳尚狡黠地一笑，回答说：

"当前，大王被囚于秦，太子熊横质于齐，让子兰继承土位顺理成章，亦是千载难逢之机。明日早朝，臣就向公卿大夫提出这一主张。"

郑袖闻言大喜，满心以为子兰登上王位已经是十拿九稳的事了。

第二天早朝，靳尚果然向公卿大夫说：

"大王不幸落入秦王的圈套，被囚于秦。但国不可一日无君，我们必须尽快拥立新君继位，主持大局。"

群臣一听，也都纷纷附和说：

"靳大人所言极是！"

靳尚接着说：

"既然如此，那我们就议一议，看立哪位公子为王吧！"

群臣一听这话，无不感到莫名其妙，什么叫立哪位公子为王？自古以来，先王驾崩之后都是太子继位，这是千古不易之理。虽然怀王尚未驾崩，但他被囚禁于秦，无法处理国事，理应由太子熊横继位。

众人虽然这样想，但谁也没有说话。满朝文武，大多都是郑袖和靳尚的走卒。他们知道，靳尚这样说，必有靳尚的道理。

靳尚见群臣不说话，便率先说道：

"如今，太子熊横尚在齐国，不能马上归国继位。更何况，熊横一向蛮横，望之不似人君。而上官大夫子兰是大王最宠爱的幼子，且素来有礼贤下士之美名。依下官之见，莫若废掉熊横太子之位，立上官大夫为新君。"

郑袖和靳尚的走卒们听到这里，立即明白是怎么回事了，因此纷纷附和道：

"靳大人所言极是。当今之际，确实应该先拥立上官大夫为新君。"

许多主持正义的文臣武将，虽一个个义愤填膺，但慑于郑袖和靳尚的权势，只好低首默言不语。屈原刚想出来反对，靳尚就斥责道：

"屈大夫，你有什么意见？我看你还是暂且保留你的意见吧。不要忘了，大王早就颁布诏命，不准你参与朝政了。"

屈原无奈，又退了回去。新任令尹昭睢见状，挺身而出，大声道：

"靳大人之见实在是荒唐透顶，断不可行。熊横系大王与公卿大夫议定之太子，只有太子才是王位的合法继承者，无端废太子而立子兰公子为王，于情不合，于理不公。到时候，势必会引起天下人的公愤。再者，太子熊横尚在齐国。如果废了他的太子之位，他定然会借助齐国之力，发兵攻打郢都。届时，楚国面临内忧外患，如何收拾？"

昭睢的话句句在理，掷地有声，靳尚一伙虽然一肚子不高兴，但也挑不出刺。更何况，昭睢是令尹，怀王不在，他有至高无上的权威，更兼手握兵权，没有人敢和他作对。

　　就这样，在昭雎的坚持下，大臣们"一致"决定拥立太子熊横为新君。为了郑重其事，昭雎亲自赴齐接回太子熊横，继承了王位，是为顷襄王（？—前263年，公元前299—前263年在位）。

　　从表面上，是昭雎力排众议，将太子熊横推上了王位。但实际上，这却是屈原的主意。屈原、昭雎、陈轸等人得知怀王被囚，立即猜到了郑袖、靳尚和上官子兰等人的阴谋。于是，屈原就向昭雎陈明了楚国面临的形势，建议立即拥立太子为新君。

　　昭雎虽然贵为令尹，但他出身武将，对内政之事不太了然。在处理内政时，他不得不向屈原求教。对于这一点，郑袖、靳尚和上官子兰等人十分清楚。因此，他们便把这笔账算在了屈原头上。

据传说称，屈原怀石沉江后，化而为神。秦军攻打秭归之时，屈原之魂归乡擂鼓，号召乡民抵抗。乡民们为屈原的爱国精神所感动，刀光剑影辉映夜空，喊杀之声震撼大地，秦军吓得丢盔弃甲，望风而逃。秭归的擂鼓台据说就是屈原之魂擂鼓之处。

第十六章　叹赋《离骚》

吾不能变心以从俗兮，故将愁苦而终穷。

————（战国）屈原

（一）

楚怀王听信小人的谗言，在改革朝政与亲齐抗秦的政策上反复无常，再加上上官子兰、靳尚等小人的嫉贤妒能，使楚国日益走向衰落。如今，楚怀王又被秦国骗去软禁在咸阳，顷襄王和令尹子兰不仅平庸无能，而且专横跋扈。屈原感叹原本强盛的楚国如今几乎到了山穷水尽的地步，不禁悲从中来。

据《史记·屈原列传》记载，屈原"嫉王（怀王）听之不聪也，谗谄之蔽明也，邪曲之害公也，方正之不容也，故忧愁幽思而作《离骚》"。长篇政治抒情诗《离骚》是屈原最著名的代表作，也是世界文学史中一篇辉映千古的杰作。

《离骚》篇名的解释很多。最早的解释是司马迁《史记·屈原列传》引淮南工刘安《离骚传》中的话：

"离骚者，犹离忧也。"

西汉班固在《离骚赞序》中也说：

"离，犹遭也。骚，忧也。明己遭忧作辞也。"

按照这种解释，"离"即"罹"，就是遭受的意思，"离忧"就是

"遭受忧愁"之意。不过，著名学者王逸在《楚辞章句》中提出了反对意见。他说：

"离，别也。骚，愁也。"

按照这种说法，"离"乃离别，"离骚"也就是"别愁"的意思。

今人游国恩先生认为，《离骚》这一名称具有双重含义。从音乐方面说，它是当时楚国的一种曲名，从古音韵学的角度考察，"离骚"就是"劳商"（曲名）。从意义方面来说，"离骚"二字又有牢骚不平的意思。牢愁、牢骚与离骚，古并以双声叠韵通转。

一般认为，游国恩先生的解释可能比较符合事实。屈原的作品与民间文学有不解之缘，乃是"书楚语、作楚声、纪楚地、名楚物"之作。比如，他的代表作《九歌》就是如此。那么，《离骚》这一作品用民间歌曲的名称也是有可能的。

至于《离骚》具体的创作时间，现在已经无法考证。一般认为，这篇作品应当创作于怀王三十年前后，即怀王入武关之后、被囚死于秦之前。

《离骚》是一篇令人回肠荡气的长诗，全面地反映了屈原的思想感情和精神面貌。全篇可分若干自然段，但根据整篇诗的思想内容来看，大致可分为前后两大部分，前一部分诗人回顾了自己殚思竭虑、变法图强、改革朝政的历程，后一部分则写诗人遭谗被疏后内心产生的种种矛盾，以及誓死殉于理想、殉于祖国的决心。诗中对楚国腐朽贵族颠倒是非、嫉贤害能的黑暗统治和误国行为做了尖锐的抨击，也倾吐了诗人赤诚的爱国信念和救国无门的极端痛苦和忧伤。全诗情感起伏强烈，震撼人心。

从开篇到"虽体解吾犹未变兮，岂余心之可惩"，是前半部分。首先自叙世系、祖考、诞生和命名。

帝高阳之苗裔兮，朕皇考曰伯庸。

摄提贞于孟陬兮，惟庚寅吾以降。

皇览揆余初度兮，肇锡余以嘉名。

名余曰正则兮，字余曰灵均。

　　诗人以极其庄重的口吻，叙述自己的家世，阐述了自己高贵的出身，是高阳帝颛顼的后代，与楚王本属同宗之亲。自己的生辰也与人不同，恰好是生在寅年寅月庚寅日。高贵的出身，奇异的生辰，加上父亲赐给他的美名，使他充满了自信。作为楚国王室的宗室之亲，他对楚国的存亡负有义不容辞的责任。父亲伯庸给他的命名正是屈原一生坚持遵守的信条："正则"是公正而有原则："灵均"是灵善而能均一。文学界一般将这几句话定为《离骚》的开篇。

（二）

　　开篇之后，诗人又以华丽的语言表达了自己的品德、才能和理想以及献身君国的愿望。

汩余若将不及兮，恐年岁之不吾与。

朝搴阰之木兰兮，夕揽洲之宿莽。

日月忽其不淹兮，春与秋其代序。

惟草木之零落兮，恐美人之迟暮。

不抚壮而弃秽兮，何不改乎此度。

乘骐骥以驰骋兮，来吾道夫先路。

　　这一段大意是说：时光过得飞快，我好像总是赶不上似的，怕是年岁不等人，我早晨到山上拔木兰，黄昏还在水边采集宿莽，时光匆匆而过，毫不停留；春去秋来，季节不断更替。像黄叶在西风里片片飘零，恐怕美人也将逐渐衰老。趁着壮盛之年赶紧摈弃恶德，去改变那不好的作法，如果你打算骑上骏马驰骋，那么来吧，我来给你引路！

这里的"拔木兰""揽宿莽"不过是修养品德的形象化说法。木兰去皮不死，宿莽经冬不枯，都是坚实而有耐性的植物，用来隐喻自己勤勉进修，培养坚贞不屈的高贵品德。而惟恐"草木零落"、"美人迟暮"，都是指怕时光白白流走，应趁年轻盛壮之时有所作为。屈原忧虑的是楚国的前途，他的理想是使楚国富强，帮助楚王做一个中兴之主。

> 岂余身之惮殃兮，恐皇舆之败绩。
> 忽奔走以先后兮，及前王之踵武。

诗人并不害怕自身遭到灾祸，他担心的是君王之车的倾覆（喻国家灭亡）。诗人在皇舆前后奔走效力，希望辅佐楚王，把楚国治理好，能够赶上先王的功绩。

这里的前王，指的是楚国开国时期对楚国有巨大贡献而英明的君主：熊绎、若敖、蚡冒。屈原的理想是使日益衰败的楚国重新振兴，恢复到开国盛世的那种局面。

但诗人的理想以及报国的忠贞之心不但得不到理解，反而因触犯了守旧派贵族的利益而遭到打击、排挤；楚怀王又昏愦糊涂，一味听信谗言，更使自己伤心、难过。

> 怨灵修之浩荡兮，终不察夫民心。
> 众女嫉余之蛾眉兮，谣诼谓余以善淫。

诗人责怪怀王对事情茫然不加思索，最终也不了解他的良苦用心。围绕在怀王周围的那群小人嫉妒他的美德，造谣污蔑说他是淫荡的人。

更使诗人感到悲哀的，是他为实现美政理想而苦心培养的人才也纷纷变质，成为保守派贵族阵营中的人物。

冀枝叶之峻茂兮，愿俟时乎吾将刈；

虽萎绝其亦何伤兮，哀众芳之芜秽。

本来诗人希望他们能长成峻茂之才，以便任用他们来治理国家，可现在他们都变节从俗了。诗人被疏远、黜落，尽管他遭受了这么严酷的打击，但诗人从来没有想到过妥协，相反，他对自己的理想的追求更为坚定、执着。

鸷鸟之不群兮，自前世而固然。

何方圜之能周兮，夫孰异道而相安。

屈心而抑志兮，忍尤而攘诟；

伏清白以死直兮，固前圣之所厚。

鸷鹰不与麻雀同群，从古以来就是如此。方和圆怎么能够相合？志趣不同的人又哪能相安无事？心受委屈、志受压抑，姑且忍耐小人造谣、辱骂；保持清白的节操，为正义而死，历来都是前代圣人所嘉许的。

鸷鸟实际上是指性格刚正的人，"鸷鸟不群"，也就是不与小人们同流合污。诗人坚持自己的人格标准，始终积极探索着实现自己政治理想的途径。

他高洁的志向不可改变。"虽体解吾犹未变兮，岂余心之可惩？"——我就是遭受肢解的酷刑也不改变我的节操，难道我的心还能够屈服吗？

这是诗人对自己政治生涯回忆结束后立下的誓言：坚持理想、绝不妥协。

（三）

《离骚》的后半部分是描写诗人在遭谗被疏后对自己人生道路的重

新思考、探索。在这部分中，诗人充分展示了自己复杂的内心冲突，从对自己人生道路的重新选择中，进一步表白了他坚持理想、忠于祖国的心迹。

屈原首先写自己在极度苦闷时，女嬃劝说他改变态度，随俗俯仰：女嬃之婵媛兮，申申其詈余；曰：

> 鲧婞直以亡身兮，终然殀乎羽之野。
> 汝何博謇而好修兮，纷独有此姱节。
> 薋菉葹以盈室兮，判独离而不服。
> 众不可户说兮，孰云察余之中情。
> 世并举而好朋兮，夫何茕独而不予听？

女嬃告诫屈原说：

"伯鲧刚直忘我，结果被祝融杀死在羽山郊野。你何必太正直，太注重美好节操，与众不同独有这么多美德？大家都把薋、菉、葹等恶草堆满屋室，你却独自抛开它们而不肯佩戴。一般人是不了解你的，你又不能挨家挨户去解说，有谁了解我们的内心呢？世俗的人们结党营私、互相吹捧，你为什么喜欢孤独而不听我的话呢？"

关于女嬃这个人物，历来说法不一。史学界一般认为，这个女嬃就是屈原的姐姐（亦有人认为女嬃是屈原之女）。文学界则认为，女嬃并不存在，只不过是屈原在作品虚设的人物罢了。女嬃的劝诫，代表了屈原思想矛盾中的另一方面。经过矛盾斗争，他还是不肯从俗自保，于是又幻想到古帝重华（舜）那里去陈词，向他历数历代兴亡的历史事实和自己的政治主张，得到了重华的赞同。他因此而受到鼓舞，也增加了自信。

于是，诗人以浪漫主义手法开始了一段轰轰烈烈的求女过程。求女比喻什么，古今学者说法不一。有的认为求君，有的认为求臣，还有的认为是求贤或求志同道合之人。一般认为，这里是紧承上文被重华确认的理想而展开的求女，应该是指屈原要寻求一条实现自己政治理想的途径。但求宓妃而嫌其轻薄无礼；求有娀之佚女又被高辛抢先；最后想留有虞氏二姚，媒人又不得利，说明诗人求女不成，这也就意味着诗人在楚国找不到实现自己政治理想的途径。

但诗人还不甘心，他求神问卜，看看究竟能否在楚国实现自己的理想，结果灵氛和巫咸都劝他离开楚国、远逝他乡。灵氛和巫咸是从不同的角度劝说屈原的，灵氛侧重于对谗佞当道、嫉贤妒能的楚国险恶环境的揭露，从此处不可留的角度劝说屈原远去；巫咸则侧重于去国后所择道路的明示，列举历史事实，证明贤臣必受知于明君。

这些说法从不同侧面论证了屈原离开楚国、远逝他乡的必然性。"灵氛说楚无贤臣，巫咸说外有明君"，这是段落间互文见义的表现方法；楚无贤臣，即楚无明君贤臣，外有明君，即外有明君贤臣，在楚国显然无法实现自己的理想。

诗人听了占辞之后，对楚国的黑暗现实又做了重新分析，最终决定离开楚国：

> 和调度以自娱兮，聊浮游而求女；
> 及余饰之方壮兮，周流观乎上下。

诗人准备到异国他乡寻找实现自己理想的环境和途径。当在幻想中驾飞龙、乘瑶车、奏《九歌》舞《韶》舞，在天空翱翔行进的时候，他看到了自己的故乡楚国：

> 陟升皇之赫戏兮，忽临睨夫旧乡。
> 仆夫悲余马怀兮，蜷局顾而不行。

当诗人飞腾在光明灿烂的天空中，忽然看到了自己的故乡，仆夫悲伤，马也恋恋不舍，踏足回头，不肯再往前行。诗人终于还是留了下来。诗人无比深厚的爱国感情，终于战胜了种种诱惑，明知道楚国这么黑暗，自己将永远遭受排挤、打击，但他还是离不开楚国。

热爱楚国却不能为楚国尽力，无法实现自己富国强兵的政治理想，屈原内心这种巨大的矛盾冲突使他决心以死殉志：

> 已矣哉！国无人莫我知兮，又何怀乎故都？
> 既莫足以为美政兮，吾将从彭贤之所居。

这几句大意是说：一切就这样结束吧，楚国没有明君贤臣理解我，我何必再留恋它呢？既然我的政治理想无法实现，我只有追从彭贤了此一生。

《离骚》这首激情澎湃、规模宏伟的政治抒情诗，始终贯穿着诗人无比深厚的爱国主义思想感情。为挽救祖国危亡，使楚国重新振兴起来，他同楚国腐朽的贵族统治集团进行了坚决、顽强的斗争。同时在自己身受打击、陷于困境之时，他仍然积极追求自己的人格理想，仍然积极探索救国救民之道，这种顽强奋斗与求索的精神具体表现在诗篇中，有力而深刻地表达了它的爱国主义情怀。

第十七章　放逐江南

余将董道而不豫兮，固将重昏而终身。

——（战国）屈原

（一）

楚顷襄王继位后，秦昭襄王闻讯大怒，立即把楚怀王押到大殿，厉声喝道：

"寡人一向待你不薄，你为何总和寡人过不去呢？如今，你已成了寡人的阶下囚，只能任我摆布，你还有什么好说的？"

楚怀王黯然道：

"这都怪我一意孤行，没有听从三闾大夫屈原的劝谏所致啊！"

秦昭襄王笑道：

"你现在你才知道谁是忠臣，已经晚了！这样吧，寡人给你一次机会，如果你答应的话，回去就能重用屈原了。"

楚怀王沉默半晌，在心里嘀咕道：

"狡诈的秦王好不容易才把寡人骗到秦国，肯定不会轻易放我走的。我且看看他要耍什么花招。"

想到这里，楚怀王问道：

"说吧，你有什么条件？"

秦昭襄王笑道：

"你倒是个爽快人！寡人也不为难你，将你楚国的汉北之地悉数割让给秦国，寡人就放了你。"

楚怀王冷笑道：

"寡人不听忠臣的劝谏，已经失去了大片土地。你认为我现在还会在乎自己的这条烂命，把江山社稷让给你吗？"

秦昭襄王闻言大怒，立即命人把楚怀王打入大牢，关了起来。

楚怀王清醒了，但他的继任者顷襄王却和他之前一样糊涂。他刚继位，郑袖、靳尚、子兰等人就进谗说：

"屈原、昭睢等人当初一心想要废除您的太子之位，多亏臣等执意不肯，坚决与之斗争，昭睢方被迫前往齐国接回大王。"

糊涂的顷襄王竟然信以为真，第二天就颁布诏命，罢黜了昭睢的令尹之职，以其弟子兰为令尹。消息传出后，楚国举国震动。谁都知道，子兰是害楚怀王被秦国囚禁的罪魁祸首。人们纷纷责骂子兰，写信给屈原，请他代为向顷襄王表达追究子兰之责的心愿。

令人没有想到的是，顷襄王执政后，一面大张旗鼓地宣传说，他一定励精图治，打败秦国，迎回怀王；一面却无耻地和秦国勾结，企图置怀王于死地——他实在不愿迎回怀王。如果怀王回来了，楚国的大王应该由谁来当呢？是他这个现任大王，还是他的父亲楚怀王？

顷襄王的愿望很快就实现了。公元前297年，楚怀王在狱卒的帮助下设法逃出虎口。不料，他还没逃出多远就被发现了。秦昭襄王大怒，立即组织兵力追击。楚怀王大惊失色，赶紧从小路逃到了赵国。赵畏强秦，不敢收留怀王。怀王欲转投魏国，不料被秦国的追兵赶上，只好乖乖地跟着秦使重新回秦国去了。

第二年，楚怀王患了重病，不久就死于秦国。秦昭襄王假惺惺地遣使到楚国报丧，让顷襄王迎回怀王的骸骨。

楚怀王虽然算不上贤主明君，但他的死依然引起了楚国百姓忧伤

与愤怒。按照当时的观点，楚怀王客死异乡，只能永远做孤魂野鬼。想到楚怀王的灵魂只能永远在异国他乡流浪，楚国的百姓怎能不忧伤呢？自己的大王受辱死于他国，楚国的百姓又怎能不愤怒呢？

百姓们无不希望昭睢、屈原等正直的大臣站出来，辅佐顷襄王，永远断绝与秦的来往，在国内亲贤能、远小人，实行变法图强的政策，振兴楚国，为怀王报仇。然而，昭睢和屈原处处受到排挤，想要见顷襄王一面都很难，还谈何辅佐呢？屈原呕心沥血写成的奏章，统统都落到了令尹子兰的手中。

无奈之下，屈原只好转向诗歌，用文字来揭露奸佞小人的贪心与丑恶。他希望，这种婉转的方式能够唤醒顷襄王，促使他下定决心，坚决为楚国、为怀王报仇雪恨。

（二）

屈原的诗篇得到了百姓的一致赞赏，同时也招致了郑袖、令尹子兰、靳尚等人的忌恨。他们不断在顷襄王面前进谗，说屈原的坏话。本来，这个顷襄王就和楚怀王一样，耳根子软，哪里经得起子兰和靳尚等人的轮番劝说？

不久，顷襄王就开始思考如何处置昭睢、屈原等人了。子兰见时机已经成熟，立即指使靳尚诬陷屈原。靳尚别的本事没有，这栽赃陷害的本事却是一流的。他将屈原那些流传在民间的作品搜集起来，掐头去尾，断章取义；又将屈原的那一奏章加以巧妙的改造，去掉那些对他们自己不利的东西，乔装改扮之后，一齐拿着上殿面君，参奏屈原。

靳尚大礼参拜之后说道：

"大王与秦恢复友好，此乃荆楚之幸，故万民称颂不已，唯屈原坚决反对。他四处惑乱民众，骂大王认贼做父，卖国求荣。如大王不信，且看去屈原写的这些反诗。"

说着，靳尚将屈原的作品呈了上去。顷襄王挥了挥手，示意靳尚不用呈上来。靳尚试探性地问：

"这……臣所言句句属实。"

顷襄王缓缓说道：

"爱卿所言，寡人岂有不信之理。你给寡人读一读，看看屈原都说了些什么。"

靳尚展开屈原的一份奏章，故作姿态地说：

"臣不敢如实读来，因为屈原的话实属大逆不道之言。屈原自恃出身贵族，与王同姓，自官降三闾大夫之后，一直对先王怀恨在心，近来又斗胆攻击大王，胡说大王名为秦之快婿，实则傀儡也。"

顷襄王一拍桌子，厉声道：

"岂有此理！他还说些什么？"

勒尚假装读奏章说：

"大王请听，屈原于奏章内写道：'大王忘记先父之仇不报，即为不孝；不派兵收复失地，便为不忠'……"

靳尚这个狡诈之徒故意将屈原在奏章里规劝顷襄王不忘家仇国恨、民生艰难的话断章取义地读了出来。顷襄王一听，这不是在骂自己不忠不孝吗？怒不可遏的顷襄王气急败坏地拍案而起，大骂道：

"疯子，简直是疯子，寡人要立刻处死他……"

靳尚见状，急忙劝谏道：

"启禀大王，屈原杀不得啊！"

顷襄王问道：

"寡人是君，他屈原是臣。自古以来，君叫臣死臣不得不死。一个小小的三闾大夫，为何杀不得？"

靳尚缓缓说道：

"屈原现在虽然只是一个小小的三闾大夫，但因为曾经担任过左徒之职，厉行变法，又写得一手好诗，深受百姓的爱戴。再者，他曾经多次出使齐国，和齐王私交颇深。如果大王在此时杀了他，不但会引起百姓的不满，还可能招致齐国的干预。"

顷襄王一听，恍然大悟道：

"多亏爱卿提醒，不然寡人就要酿成大错了。"

靳尚故作姿态地说：

"这些为人臣者应当做的。"

靳尚得到了顷襄王的赞赏，心里十分高兴。他知道，顷襄王要杀屈原只不过是一时冲动而已。估计屈原还没被押到刑场，他就会后悔。与其如此，倒不如提前规劝，自己还能落个忠臣的美名。

顷襄王沉思了半晌，又问靳尚：

"屈原死罪可免，但活罪难逃！依爱卿之见，寡人应该如何惩治他呢？"

靳尚装出一副痛心疾首的样子，说道：

"大王乃是贤主明君，向来待臣下十分宽厚。无奈屈原这厮不忠不孝，蛊惑民心，反对大王。如果不加以惩治，只怕日后会闹出乱子。依臣之见，莫若削职流放。"

顷襄王大喜道：

"正合寡人之意。"

第二天早朝，顷襄王就颁布诏命，列出了屈原数十条"罪状"，免去三闾大夫之职，立即流放江南荆榛未辟之地，无王命宣召，永不得回郢都。

（三）

公元前296年盛夏，屈原乘坐一辆由两匹老马拉着的马车向江南进发了。屈原的内心痛苦极了！他痛苦并不是因为自己被削了职，也不是因为自己被流放江南，而是因为他眼看着楚国在奸佞小人的摆布下一步步滑向深渊，但自己却无能为力。想着想着，屈原不禁心痛欲裂，泪如雨下……

两匹老马拉着破旧的马车，缓慢地在郢都街头走着。突然，车夫"吁"了一声，停住车子。屈原见车子停下了，低声问车夫：

"怎么了？"

车夫回答说：

"父老们为大夫送行来了。"

屈原挑开车帘，向外望去，只见数千男女老幼整齐有序地站在街道两旁，有缙绅大夫，有布衣平民。他们有的箪食壶浆，有的秉烛焚香，有的痛哭流涕，有的呼天号地……

形容憔悴的屈原从车上下来，环视了一遍人群，深深地鞠了一躬。突然，雷声大作，狂风骤起，天上下起了大雨。数千人立在雨中，异口同声地喊道：

"大夫一路走好！"

屈原见状，感动得热泪纵横，哽咽道：

"列位父老乡亲……你们的深情厚意，屈原担当不起啊！"

街道上一片呜咽，一片抽泣，这悲怆的哀痛之声盖过了暴风骤雨，盖过了万钧雷霆。一位箪食壶浆的瞎婆子来至屈原面前，满满一大杯酒，双手捧着献给屈原，情深意切地说道：

"三闾大夫呀，百姓敬您水酒一杯！"

屈原接杯在手，举过头顶，泪似泉涌。他一字一顿地说：

"列位父老乡亲，屈原和你们一样，生在楚国，长在楚国，将来还要长眠于此。楚国不光是我们家乡，也是我们的肉体和灵魂的归宿。这第一杯酒，我们应该献给我们头顶的苍天。"

众人异口同声地说道：

"愿与三闾大夫同祭！"

屈原双手擎杯，虔诚而恭敬地泼酒于地道：

"这第一杯酒祭苍天！"

老者又递上一杯酒，屈原照样泼酒于地道：

"第二杯酒祭大地！"

众人也将手中的酒泼在地上，异口同声地说道：

"与三闾大夫同祭！"

屈原接过第三杯酒，哽咽道：

"为了保卫楚国，无数将士战死沙场，就连先王也客死秦国。与这些相比，屈原受的这点委屈算不了什么。屈原愿以此酒祭奠他们。"

众人又高声道：

"与三闾大夫同祭。"

屈原祭了战死沙场的将士，又祭了高山和大海，终于将第五杯酒喝了下去。末了，屈原向众人深施一礼说：

"列位父老乡亲，请接受屈平临行一拜！"

拜过之后，热泪模糊了屈原的视线。他正欲登车启程，瞎婆子忽然抛掉手中的竹篮与酒壶，疯疯癫癫地扑了过来，声嘶力竭地质问道：

"忠臣贤良为何无好报？奸臣贼子为何福齐天？世事为何不公平？我捶胸顿足，问罢大地问苍天……"

瞎婆子的话言犹未尽，天低云暗，其黑如漆，人们相对而立，难辨眉高眼低。雪亮耀眼的闪电蜿蜒即逝，惊雷在人群中炸响，大雨如注，顿时沟满壕平，街道水深没膝。人们或低声抽泣，或大放悲声，用滔滔泪水送屈原上路、远行……

靳尚等奸臣早将父老为屈原送行的消息传到了王宫。顷襄王一听，愤怒地说：

"这个屈原真会蛊惑人心！幸亏寡人发现得早，不然的话，他将来必会造反。"

靳尚不失时机地拍马屁说：

"大王英明！"

屈原的马车出了郢都的东门，转而缓缓地向南而去。随着离开郢都的距离越来越远，屈原的愁思愈来愈深。在颠簸着的车子里，他有时放声吟诗，有时低头落泪……

（四）

屈原乘坐破旧的马车，一路风餐露宿，来到了大江之滨。屈原下了车，缓步来到一棵松下的青石上，向后方望去。他想再看一看自己的热爱的土地，想把一切都深深地印在心里……

不一会儿，天气刮起了大风，下起了暴雨，狂风抓着雨鞭狠命地抽打着眼前的一草一木。屈原抹了一把落在脸上的雨水，钻进了马车。两匹老马拉着破旧的马车转而向西，沿着长江缓缓前行。

冰冷的雨水浇在身上，冻得屈原直打哆嗦。他紧了紧衣襟，凄惨地笑了起来。车夫打着颤，不解地问：

"大夫笑什么？"

屈原回答说：

"上天在为我屈原落泪呢！"

车夫抹了一把脸，不知道是要擦掉雨水，还是要擦掉混在雨水之中的泪水。

夜幕降临的时候，屈原的马车来到了一座茅草屋前。主人听说来者是三闾大夫屈原，立即热情地给他烫了一壶酒暖身子。

屈原换了件衣服，喝了点酒，还是觉得浑身冷。夜深了，跋涉了一天，疲惫不堪的人们相继入睡，斗室里只有屈原一人面对孤灯闷坐。夜雨绵绵，一阵大一阵小，感情的潮水在屈原的心中汹涌起伏。不知为什么，这一夜他的脑海里总是翻腾着自己与怀王相处的那一场场、一幕幕。倘说在此之前，屈原对怀王确也有过一些怨艾与不满，主要是恨铁不成钢，那么，今夜出现在他面前的，却是一个完美无缺的形

象，他只记得怀王的知遇之恩和二人配合默契的成就。

楚怀王屈死于秦，他的尸骨是归葬于郢了，但他的灵魂依然留在荒蛮的西北。想到这里，屈原泪如雨下，怎么也止不住。

"不行，我要写一首诗，把大王招回来，招至楚宫……"屈原突然自言自语地说。

冷过之后，屈原又觉得躁热，身子软绵绵的，且周身酸疼，仿佛正有人在抽他的筋骨。屈原挣扎着解开包袱，拿出刻刀，在竹简上刻了起来。千万句话，千万般感情一齐涌于笔端，澎湃激情顺着笔尖流淌，屈原用一夜的时间写下了《招魂》一诗。

楚国盛行巫术，百姓普遍相信人除了肉体之外，还存在一个灵魂。灵魂寄居在每个人的躯体上，永生不灭。当人们睡着的时候，灵魂就离开躯体出游；当它转回来时，人也就醒了。肉体是要死亡的，但灵魂永存；当肉体死亡时，灵魂就离开躯体到另一个世界去生活，或为神，或为鬼。

在这种观念的影响下，楚国形成了一种独特的民俗——招魂。在招魂时，必须招之以美味、佳人、华屋、轻歌曼舞，诱其归来。屈原没有美味、佳人、华屋和轻歌曼舞来招怀王之魂，但他有一支灵妙的笔，有像美味、佳人、华屋和轻歌曼舞一样美丽的文字。

一般说来，每一首楚辞都由三部分组成，篇首为引言，相当于今之序言或序幕；篇末是乱辞，相当于今之尾声；中间一大部分是正文，是作品的主干和中心部分。《招魂》也不例外，引言部分用幻想的形式叙述招魂的原因；乱辞部分追怀与怀王一起打猎的盛况，也写出了作者招魂的心情与环境；正文可分两部分，先外陈四方之恶，后内崇楚国之美。

诗人用神话传说和浪漫主义的幻想来构成四方之恶。从一般的招魂目的看，是为了威吓灵魂，使它不敢滞留他乡。灵魂是肉眼看不到的，招魂时上下四方都要招到。作者从上下四方来描写，保持了民间招魂形式的完整性。但作者在招上下四方时，重点突出了西方这一节，暗示了怀王屈死于秦的事实。《招魂》用笔严谨，用意细致而深微。"幸而得脱"等句，又与怀王逃秦走赵而赵不纳之事相合。

"内崇楚国之美"，目的是召唤灵魂归返故居。被招者乃怀王之魂，因此按照王者的身份来描写。在招魂过程的描写中，诗人将楚国当时的经济、文化生活的高度成就作了形象的集中的描绘。怀王生前喜好声色，既然为其招魂，就不能不用其生前所好诱其灵魂归来，因而偏重于腐化享乐生活的刻画摹拟，相继描绘了房屋的结构、室外的景色、宫中的装饰与布置，宫中的美女、酒席馔肴之盛、歌舞娱乐场面、游戏、赋诗及唱和之酒后余兴等，这些描绘都用极大胆的夸张和层层铺叙展开，特别诱人，令人向往。

《招魂》铺陈、排比的手法相当突出，辞藻也异常丰富华丽，特别是对楚国之美的描写，诗人依次铺叙楚国宫廷建筑、饮食、歌舞的段落，流动而不板滞、细致而不琐碎，生动形象，使人如临其境。这些特点对汉赋的形成有很大影响。

屈原写成了《招魂》，搁下笔，闭上眼，静心地又想了想，终觉言未了，意未尽，情未竭，于是重新泼墨挥毫，又作《大招》。"大招"，即招王者之魂。在作品中，屈原直接招之以"美政"，以思念故君之情，直抒胸意，毫不隐讳地将政治蓝图呈现出来。从这个意义上来说，《大招》是《招魂》的扩大、延伸和深化。

第十八章　愤懑自沉

沧浪之水清兮，可以濯我衣；沧狼之水浊兮，可以濯我足。

——（战国）屈原

（一）

写完《招魂》后不久，屈原便弃车登舟，进入辽阔飘渺的洞庭湖。屈原一路洒着眼泪，游历了洞庭以及湖上的小岛君山。第二年，他才离开洞庭湖，由湘江抵达长沙。长沙是楚国王室的发祥地之一。屈原在这里遍览山川形势，考察先祖遗迹，更增加了对祖国江山的无限热爱之情。

不久，屈原闻知，顷襄王娶了秦昭襄王之女为妻，不禁大怒。无能的顷襄王在不久前接到秦昭襄王的一封信，说如果楚国仍与秦国对抗，秦将率诸侯联军共同讨伐楚国。顷襄王吓得不知如何是好，不服从的话，秦国将会大军压境，而楚国现在已没有什么抵抗力量。

更为重要的是，楚国的大权已经握在亲秦派子兰、靳尚等人的手中。他们不断在顷襄王面前进言，建议他与秦和好。顷襄王既无胆识，又无才能，父亲怀王囚死于秦的国耻家仇也顾不上了，赶忙派人送信给秦昭王，表示愿意与秦国讲和。为了表示忠心，他还从秦国娶妇，做了秦昭襄王的女婿。

屈原听见了这些丧失国格举动的消息，气愤不已。正是在这种背景

下，屈原作了《怀沙》一诗。"怀沙"即怀念长沙之意。在诗中，屈原重申了自己的决心和理想：

> 重仁袭义兮，谨厚以为丰。
> 重华不可遻兮，孰知余之从容！

屈原还指斥朝廷的小人们壅塞楚王，已使楚国黑暗到了是非不分、善恶无别的地步，"变白以为黑兮，倒上以为下。凤凰在□兮，鸡鹜翔舞。"

从楚国现在的状况和趋势看，与秦国的势力已相差悬殊，在与秦国的关系中已处于绝对的弱势，几乎到了俯首称臣、贴耳听命的地步。屈原对顷襄王统治集团失望了，他以死殉国的志向更为明确。他在《怀沙》中写道：

"人生禀受天命，成败穷通早已注定。既已明白这个道理就该安心宽怀，还有什么可担惊受怕的呢？我心中充满了哀痛，为了国家的命运我长久地叹息。世道溷浊，没有人了解我，人心真是没法说啊！我知道死神无法回避，干脆就不要爱惜自己的生命。我要向先辈贤人们宣告：我将和你们成为同道。"

心灰意冷的屈原乘船离开长沙，回到洞庭湖，向西转入沅水方向。在沅水北岸的枉渚和南岸沧浪水一带停留了一段时间。这一带地区比较荒僻，杳无人烟，但屈原毫不以为怀：

"苟余心其端直兮，虽僻远之何伤？"

话虽如此，但屈原还是一天天地衰弱下去。他常常披头跣足，行走在沧浪水边，沉思吟诗。有一天，一条小船慢慢靠近岸边，船上一位打渔的老人认出了屈原，说：

"这不是三闾大夫吗？看您身体枯瘦，面容憔悴，几乎认不出您了。您怎么会到这荒天野地里来？"

屈原抬头望见慈善、和蔼的老渔夫，如实回答：

"举世皆浊我独清，众人皆醉我独醒，我是被朝廷流放到这里

来的。"

老渔夫说:

"贤圣之人不困辱自身,而能随俗方圆、顺时自保。世人都贪婪竞进,您也就随波逐流;世人都谗谄取巧,您就从俗食禄罢了,何必要忧国忧民、独行正直而遭受流放之苦呢?"

屈原说:

"我听说:新沐者必弹冠,新浴者必振衣,哪能让自己洁净的身体蒙受尘垢呢?我宁可死在湘西、葬身鱼腹,也不改变我峻洁的人格,刚正的节操!"

渔夫听了屈原这番话,莞尔一笑:

"我劝不了您呀,屈大夫多多珍重。"

说完,渔夫便敲着船舷,唱着"沧浪之水清兮,可以濯吾缨;沧浪之水浊兮,可以濯吾足"遥遥而去了。

屈原望着渐去渐远的小船,又沉思了许久、许久。他知道,这位老渔夫其实并不是真正的打鱼人,而是一位远身避祸的隐者。他完全可以像这位隐者一样,隐姓埋名,居住在深山之中修养身心,忘掉那些烦恼的国事,颐养天年。但深深植根于屈原心中的爱国忧民的情感使他一刻也忘不掉正处于危亡时期的故国,一刻也忘不了处于危难之中的楚国人民。他不能丢下楚国去隐居,不能效法隐者荡舟湖泊自得其乐,他的心里仍然关注着心爱的祖国。

(二)

不久后,屈原又乘船到辰阳,接着又到了溆浦。进入荒僻的溆浦之后,屈原心神迷乱,不知道要到哪里去,幽暗、深远的森林里,到处都有虎狼出没,陡峻的山岭蔽天遮日,山中幽暗潮湿,霏霏细雨忽而变为无边无际的小雪粒,浓密的乌云仿佛紧贴着草篷的层檐,直压得人喘不过气来。忧愁哀苦的屈原一个人孤独地居住在深山野林中,身

心俱疲。

在溆浦居住了一段时间之后，屈原从溆浦往回走，乘船又回到了枉渚。在这里，屈原居住了三年。在此期间，屈原完成了他的另一篇名作《涉江》。

此时，楚顷襄王已经在位九年了。在这九年里，他在强秦的威慑下，不得不频繁地与秦国盟约，以图苟延时日。而东方六国在秦国文武兼施手段的打击下，也已无力结成巩固的合纵联盟了。六国之间勾心斗角，战争不断，实力均大为削弱。

看着眼前的这一切，屈原伤心极了，但他又无可奈何。伤心不已的屈原默默地离开枉渚，自西向东穿过洞庭湖，来到了汨罗江，居住在江北岸的南阳里。他生命的最后几年就是在汨罗江边度过的。

这时楚国与秦国约盟于宛，准备联合攻打齐国。公元前285年，秦将蒙武越过韩国、魏国国境攻打齐国，侵占九个城市，设置了九个县。燕将乐毅又乘机游说赵国、楚国、魏国联合攻打齐国。第二年，韩、秦也加入联军，形成六国攻打齐国的局面。

结果，齐国大败，燕将乐毅率兵攻打临淄，掠走了齐国全部的宝物器皿。齐湣王（齐宣王之子，约公元前323—前284年，公元前300—前284年在位）逃亡到莒城，使唯一能与秦国抗衡的大国几乎灭亡。虽然公元前283年齐襄王（？—265年，公元前283—前265年在位）在莒城即位，以示齐国未亡，但已大伤元气，直到被秦所灭也没恢复到以前最强盛的程度。

强大的齐国被削弱了，但楚国君臣却仍然没有意识到灾难正在一步步降临。其实即便意识到了，也已经晚了。此时唯一能与秦国抗衡的齐国已经被削弱，其他各国也都被秦国击破，即便是再次组建合纵联盟，也已无法再打败秦国了。

屈原在南阳里居住了几年之后，移居到不远处的玉笥山下。玉笥山下有一条名叫玉水的小溪，小溪向南流入汨罗江，溪上有座小木桥，屈原天天到桥上浣缨濯足，依然保持着他好洁的习惯。

此时的屈原已经看到了楚国的末日，他打算投江而死，以身殉国。公元前279年，秦将白起率军攻破楚国的鄢、邓。白起开渠引水灌鄢，淹死百姓几十万人。消息传来，屈原悲愤不已，他想到殷末贤人申徒狄因为多次进谏纣王而不被采纳，投水自尽，但终究没有挽回殷朝灭亡的命运。想到这里，屈原又有些犹豫了。因此在这一年所作的《悲回风》一诗中，他提出了"任重石之何益"的问题。

（三）

屈原反复考虑，在这危机关头，他应该何去何从。或许，他应该回到郢都，力谏顷襄王，联合东方各诸侯国，拖延楚国灭亡的进程。

约公元前279年冬，屈原回到郢都。遗憾的是，不但子兰等奸臣极力排挤他，就连顷襄王也不愿见他。屈原忧心如焚，秦国已大军压境，楚之郢都面临失陷的危险，而顷襄王还自以为国土辽阔，人口众多，仍不失为强国，因而不恤国政，一味贪乐享受。朝廷中的大臣个个互相嫉妒，只图夺功封赏，以谗谄阿谀为本事，贤良之臣被排挤出朝廷。普通百姓对朝廷的黑暗统治怨声载道，离心离德。更令他担忧的是，军队也不修战备，城墙塌坏，城池干涸，处于极其混乱的境地。

一切果然不出屈原所料，仅仅几个月后，即公元前278年春，秦将白起就率兵攻破郢都，烧毁了楚先王的陵墓。楚军一战即溃，顷襄王退守陈城（今河南省淮阳县）。秦将郢都改为南郡。

为了躲避强秦的压迫，郢都的百姓成群结队地逃离。屈原也夹在逃难的百姓中间，顺着长江向东行进。离开故都之时，屈原的心中悲痛极了。他一再回首望郢都那高大的楸树，仰天叹息，眼泪流淌得像雨珠一样……

屈原怀着悲伤的心情顺着风浪、随着流水东飘西荡，成了一个流浪者。进入洞庭湖后，他又回到长江，顺流而下到夏浦，感叹故都日益遥远。到了夏浦之后，屈原发现自己已经无处可去，便又返回了洞

庭。长江以北、夏水以西的地方是无法去了，它已属于秦国所有。屈原从遭放逐、被迫离开郢都到如今已有很多年了，但他还不能回去，而且永远回不去了。他还能到哪里去呢？

经过仔细考虑之后，屈原又回到了玉笥山下的住所。在这里，屈原度过了他人生中的最后一段日子，这时他已是一个70多岁的老人了。在草屋中，屈原回想了自己的一生，提笔写下了《惜往日》。写着写着，屈原突然放声痛哭起来。天大地大，已经没了他屈原的立足之地……

农历五月初四，屈原度过了他人生的最后一个不眠之夜。当东方刚刚亮出曙光之时，屈原穿上了平日舍不得穿的冠袍，佩上他一直珍爱的宝剑，走到濯缨桥上最后一次梳头、洗脸、整理衣装。

一切准备完毕后，他走下小桥，又望了望自己居住了几年的荒野小屋，然后转身沿着汨罗江朝下游的罗渊走去。他走了好久、好远。在罗渊，他远眺西北方的祖国首都，可是它太遥远了，而且已落入敌手，望又望不见，归又归不得。如果怀王、顷襄王能采用自己的政治主张和外交策略，楚国何至于落到这种地步？

自己美好的政治理想毁灭了，自己心爱的祖国也将要灭亡了。想到这些，屈原禁不住老泪纵横，他昂首问天：

"苍天，你为什么这么不公平，把恶运降到楚国人民头上。苍天，楚王为什么总是被小人蒙蔽，而不理解我的忧国忠君之心。既然我的理想无法实现，郢都已陷入敌手，我还有什么必要再活下去。我以身殉国，希望能引起楚王觉悟，以挽救楚国的危亡啊！"

说完，屈原纵身跃入汨罗江中。滚滚波涛顿时将他淹没了，阵阵涛声仿佛依然在倾诉着忠魂的心声，呼唤着这千古不朽的爱国灵魂。

附近的百姓听说屈原投江了，纷纷驾着小船，箭也似的飞奔出来，想把他救上来。可是，一条船一两个人划太慢了，百姓们纷纷跳上小船，拿起扁担、木板一齐划水，边划边垂泪不止，热泪洒于江中，致使江水更加汹涌澎湃。数十条小船像穿梭似的在江面上来往。横十里、顺十里的百姓全都哭天嚎地地向这边奔来，汨罗江两岸人山人

海，同放悲声，哭声盖过了风雨雷霆，压倒了撼山的涛声。江面上，一直到断黑，渔民们还在打捞；江岸边，如潮的人群直至伸手不见五指方搓着红肿的双眼哭哭啼啼地离去……

百姓们都无助极了，一个老者说：

"不能救出三闾大夫，我们也不能让大鱼啃食大夫的尸体。"

人们纷纷响应道：

"说得对，不能让大鱼啃食大夫的尸体。"

妇女们闻言，急忙赶回家里，用粽叶包着糯米，煮熟了，拿给丈夫和儿子，让他们投到江里喂鱼，以防鱼儿饿坏了啃食屈原的尸体。男人们划着龙舟，争先恐后地把粽子往江里丢。

十天后，洞庭湖水骤然暴涨，湖水倒灌汨罗江，将忠魂的遗体逆流托上汨罗江上游，被当地渔民发现，打捞上岸，停放在罗渊对岸的大土墩上。人们为这位爱国忠臣的壮烈之举感动不已，为他的殉国悲痛万分。为了纪念他，人们将停放屈原遗体的地方改名为"晒尸墩"。

后来，每到五月初五，人们便会来到屈原殉国的地方划龙舟，投粽子，怀念这位伟大的爱国主义诗人。久而久之，便形成了一种习俗，即端午节赛龙舟、吃粽子，一直流传至今。

历史上的屈原虽然只有一个，但他的墓却多达12处。据说，人们为了防止后世之人觊觎屈原的半个金头，打扰三闾大夫的安宁，一夜之间在汨罗山上堆起了11处疑冢，处处都刻着相同的碑文。由于封土太高，取土处被人们挖成了现在的百亩"楚塘"。

屈原生平大事年表

公元前340年 屈原出生于楚国秭归之乐平里（今湖北秭归县乐平里）。姓芈，屈氏，名平，字原。

公元前339—前324年 屈原都在乐平里生活，学习。

公元前323年 屈原出七里峡，游览香溪与长江。

公元前320年 应楚怀王之召，屈原出山进京。

公元前319年 任楚怀王左徒，主管内政外交，促成齐楚联合。

公元前318年 屈原忙于楚国的内政外交工作。五国联兵攻秦，屈原随军而前。

公元前317年 在楚国进行变法改革，制定并出台了各种法令。

公元前316年 继续进行变法改革，与旧贵族与一切顽固势力作斗争。完成《湘君》《湘夫人》。

公元前315年 深入进行变法改革，民心沸腾，楚国形势大变，旧贵族面临覆灭的命运。

公元前314年 楚怀王让屈原造《宪令》，屈原草稿未定时，被上官大夫和靳尚陷害，在怀王面前进谗，屈原被罢黜左徒之官，任三闾大夫之职。

公元前313年 张仪为秦说楚，怀王信张仪而疏屈原，楚齐绝交。屈原力谏，怀王不听，命其不得再参与朝政。

公元前312年 楚怀王重新起用屈原出使齐国，齐楚复交。

公元前310年 屈原仍为三闾大夫。楚怀王发现自己被张仪所欺，起用屈原为齐使，盖一时权宜之计，但屈原使齐返回后仍被疏远。

公元前309年 屈原因不能参与朝政，通过昭睢等大臣敦促楚怀王合齐。

公元前308—前305年 不被楚王重用，居郢都，设坛教学。

公元前304年 流浪汉北。作《抽思》。

公元前303年 居汉北。作《思美人》。

公元前302年 创作《离骚》。

公元前299年 楚怀王受骗欲入秦，屈原力劝，怀王不听，结果被秦国扣留。楚立太子横为新君，是为顷襄王。

公元前296年 楚怀王死于秦国。同年，屈原被免去三闾大夫之职，放逐江南。他从郢都出发，先到鄂渚，然后入洞庭。

公元前295年 屈原到达长沙，在这楚先王始封之地遍览山川形势，甚起宗国之情。

公元前293年 屈原自长沙向沅水流域继续南行。

公元前292年 屈原溯沅水而上，舟行迟缓，至枉渚而休息。

公元前291年 屈原自枉渚坐船去辰阳，继至溆浦。

公元前288年 屈原自溆浦乘船至枉渚。

公元前287年 屈原自枉渚乘船自西向东过洞庭湖，到汨罗江，居江南岸南阳里。

公元前282年 屈原移居汨罗江畔的玉笥山下。

公元前278年 秦将白起破楚郢都，烧夷陵（今宜昌），东进至竟陵（今潜江西北），南进至洞庭湖一带。楚东迁都陈（今河南淮阳）。屈原闻此噩耗，于五月初五日怀石自沉于汨罗江而死，时年62岁。